KNAUR.LEBEN

AF706650

Andreas Schwarz

LUZIDES TRÄUMEN

Wie du deine Träume
bewusst gestalten und für den Alltag
effektiv nutzen kannst

KNAUR.LEBEN

Die in diesem Buch vorgestellten Techniken wurden von dem Autor und dem Verlag sorgfältig geprüft und haben sich in der Praxis bewährt. Da jeder Mensch für sich besonders ist, können wir allerdings Ergebnisse nicht garantieren. Der Verlag und der Autor schließen jegliche Haftung für Gesundheits- und Personenschäden aus.

Besuchen Sie uns im Internet:
www.knaur-leben.de

5. Auflage Juni 2026

Originalausgabe März 2022
Knaur.Leben Taschenbuch
© 2022 Knaur Verlag
Ein Imprint der Verlagsgruppe
Droemer Knaur GmbH & Co. KG
Landsberger Straße 346, 80687 München
Alle Rechte vorbehalten. Das Werk darf – auch teilweise – nur mit Genehmigung des Verlags wiedergegeben werden.
Die Nutzung dieses Werks für Text- und Data-Mining im Sinne des § 44b UrhG bleibt explizit vorbehalten.
Redaktion: Tamara Fromme
Covergestaltung: Isabella Materne
Coverabbildung: David M. Schrader / Shutterstock.com
Illustrationen im Innenteil: Nina Rode
Satz: Adobe InDesign im Verlag
Druck und Bindung: GGP Media GmbH, Pößneck
ISBN 978-3-426-87930-6

Kontaktadresse nach EU-Produktsicherheitsverordnung:
produktsicherheit@droemer-knaur.de

Für meinen Opa Emil († 2021) –
meine Faszination für Träume habe ich von ihm geerbt

INHALT

VORWORT
11

1
LUZIDES TRÄUMEN VERSTEHEN
– 19 –

Was ist beim Klarträumen möglich? 22
Die Wissenschaft hinter dem Klarträumen 38
Das solltest du wissen, bevor du anfängst 42

2
LUZIDES TRÄUMEN VORBEREITEN
– 47 –

Beschäftige dich mit deinen Träumen 49
Morgen- und Abendroutine 56
Finde deine Traumzeichen 58
Plane deine Klarträume 59
Verbessere deinen Schlaf 61
Bevor es weitergeht 66

3
LUZIDES TRÄUMEN AUSLÖSEN
- 67 -

Schärfe dein Bewusstsein 68
Die Top 10 der Reality Checks 70
Reality Checks richtig anwenden 91
Die effektivste Klartraumtechnik 99
Die Profi-Klartraumtechnik (WILD) 100
Spezielle Klartraumtechniken 102
Externe Hilfsmittel fürs Klarträumen 106
Die 10 goldenen Klartraum-Regeln 108
Bevor es weitergeht 111

4
LUZIDES TRÄUMEN BEHERRSCHEN
- 113 -

Die vier Ebenen der Klarheit 114
Stabilisierungstechniken einsetzen 117
Traumfähigkeiten ausbilden 130
Bevor es weitergeht 149

5
LUZIDES TRÄUMEN ANWENDEN

– 151 –

Lösungswege für Probleme und Konflikte finden 152
An deiner Persönlichkeit arbeiten 156
Deine (beruflichen) Fähigkeiten verbessern 163
Heilung und Gesundheit 170
Spirituelle Erfahrungen 177
So geht es jetzt für dich weiter 183

SCHLUSSWORTE

– 185 –

ANHANG

– 187 –

Schlafparalyse 187
Astralreisen 193
Anmerkungen 197

VORWORT

Was würdest du als Erstes unternehmen, wenn du deine Träume steuern könntest? Würde es dir gefallen, über Paris zu fliegen und dich auf die Spitze des Eiffelturms zu stellen? Möchtest du vielleicht den Zug auf Gleis 9 ¾ nehmen und nach Hogwarts reisen? Oder dich auf wilde und romantische Nächte mit deinem Schwarm einlassen? Was ist, wenn ich dir sage, dass in jedem von uns die Fähigkeit verborgen liegt, unsere eigenen Träume zu kontrollieren? Was ist, wenn ich dir sage, dass Millionen Menschen das bereits gelernt haben und Nacht für Nacht praktizieren? Was ist, wenn ich dir sage, dass du dir diese Fähigkeit mithilfe dieses Buches auch aneignen kannst?

Das luzide Träumen wartet nur darauf, endlich von dir entdeckt zu werden. Die Möglichkeiten, welche dir in diesen klaren Träumen offenstehen, sind allein durch deine eigene Vorstellungskraft begrenzt. Du kannst deine Träume nicht nur dafür nutzen, deine größten Sehnsüchte auszuleben oder deine Abenteuerlust zu befriedigen, sondern du kannst sie auch dazu verwenden, um Fähigkeiten aus deinem Wachleben zu trainieren. So kannst du zum Beispiel wichtige Präsentationen vorbereiten, Fremdsprachen einüben oder auch das Spielen von Musikinstrumenten lernen, während du im Bett liegst und schläfst. Alles, was du dazu brauchst, ist das nötige Hintergrundwissen, ein bestimmtes Maß an Disziplin und ein wenig Übung.

In diesem Buch werde ich dir das notwendige Werkzeug an die Hand geben und dich zu einem echten Klartraum-Meister ausbilden! Dazu durchläufst du vier verschiedene Phasen. Zuallererst möchte ich dir zeigen, was Klarträume überhaupt sind. Dazu habe ich die wichtigsten Erkenntnisse aus der Wissenschaft, aber auch die aus antiken Lehren wie dem Traumyoga, für dich zusammengestellt. Im Anschluss zeige ich dir die effektivsten Strategien, mit welchen du Schritt für Schritt das Klarträumen erlernen kannst. Doch an dieser Stelle endet für dich das Training noch lange nicht. Du lernst in diesem Buch auch, wie du das Klarträumen perfektionieren kannst und schließlich auch fürs echte Leben anwendest. Das Potenzial, das in jedem Menschen liegt, ist unglaublich. Und mithilfe des Klartraumes kannst du auf dieses verborgene Potenzial zugreifen.

Doch bevor es losgeht, möchte ich mich kurz vorstellen und von meinen ersten luziden Träumen erzählen. Im Alter von etwa 14 Jahren unterhielt ich mich mit meinen Freunden über mysteriöse Träume. Sie waren an diesem Tag Gesprächsthema Nummer eins. Wir unterhielten uns über Fragen wie beispielsweise: »Kennst du das, wenn du von irgendetwas träumst und es passiert dann tatsächlich ein paar Tage später?« oder »Hast du schon einmal davon geträumt, wie du einen Abhang im freien Fall hinunterfällst und kurz vor dem Aufprall zusammenzuckst?«

Je länger wir uns darüber unterhielten, desto besser konnte ich mir Träume aus meiner Kindheit ins Gedächtnis zurückrufen. Ich erinnerte mich wieder an faszinierende Träume, in denen ich fliegen konnte und mich schwerelos – ähnlich wie ein Astronaut auf dem Mond – fortbewegen konnte. In diesen Träumen wusste ich immer, dass ich träumte.

So fragte ich auch meine Freunde: »Kennt ihr diese Träume, in denen ihr merkt, dass ihr träumt?« Ein paar von ihnen kam das auch bekannt vor und sie erinnerten sich an ihre eigenen Kindheitsträume.

Schließlich kamen wir irgendwann zu dem Thema Traumdeutung. Ich erzählte von einer Reihe eigenartiger Träume, die mich offensichtlich warnen wollten. Seit Jahren war ich fleißiges Mitglied im Taekwondo- und Kickbox-Verein. Zu der Zeit ist mir jedoch die Lust auf diesen Sport vergangen und ich wollte mehr von den Dingen erleben, die Jugendliche eben so machen: Freunde treffen, skateboarden und »einfach abhängen«. Als ich meinem Vater erzählte, dass ich den Kampfsportunterricht nicht mehr besuchen wollte, war er nicht sehr begeistert. Es gelang mir nicht, ihn davon zu überzeugen, mich vom Verein abzumelden, und so schmiedete ich einen Plan. Ich spielte meinen Eltern vor, ins Training zu gehen, traf mich in dieser Zeit jedoch stattdessen mit meinen Freunden. Das ging auch einige Wochen lang gut. In dieser Zeit träumte ich aber immer wieder sehr seltsame Dinge. Ich hatte wiederkehrende und zusammenhängende Träume, in denen mir meine Klamotten entweder nicht passten oder sie mich einschnürten und ich sie nicht mehr ausziehen konnte. Es kam auch häufig vor, dass ich sie ausziehen wollte, um mich von ihnen zu befreien. Jedoch lag immer ein weiteres Kleidungsstück darunter. Die Klamotten fühlten sich wie eine richtige Last für mich an.

An einen bestimmten Traum erinnere ich mich noch sehr deutlich. Ich befand mich in der Umkleidekabine der Kampfsportschule und konnte den Trainingsanzug nicht mehr ausziehen, da er zu klein geworden war. An dieser Stelle hätte ich eigentlich merken müssen, dass mir mein Unterbewusstsein mitteilen wollte, dass meine Lüge bald auffliegen würde. Ein paar Tage später – im Wachleben – wollte mich mein Vater vom Training abholen und stellte voller Entsetzen fest, dass ich nicht anwesend war. Der Trainer berichtete dann natürlich auch, dass ich bereits seit längerer Zeit das Training schwänzte. Da ich eigentlich ein gutes Verhältnis zu meinen Eltern habe, waren sie extrem schockiert darüber, dass ich sie seit Wochen angelogen hatte.

Obwohl ich es im Nachhinein sehr bereute, meine Eltern so enttäuscht zu haben, bin ich froh, diese Erfahrung gemacht zu haben.

Alle Träume, an die ich mich erinnern konnte, führten an dem Tag, an welchem ich mit meinen Freunden über Träume sprach, zu folgender spirituellen Erkenntnis: Es gibt irgendetwas in mir, das zu mehr fähig ist als mein rationaler Verstand. Die Macht des Unterbewusstseins muss gewaltig sein, dachte ich und wollte unbedingt mehr darüber erfahren. Ich wollte lernen, diese verborgene Fähigkeit bewusst zu aktivieren. Zu Hause angekommen, warf ich den Computer an und begann zu recherchieren. Schließlich stieß ich in den Weiten des Internets auf einen Begriff, der meine absolute Faszination weckte: luzides Träumen.

Dabei solle man den Zugang zum Unterbewusstsein finden und mit ein wenig Training in der Lage sein, die eigenen Träume seiner Vorstellung nach steuern zu können. Ich war sofort begeistert. Noch in derselben Nacht begann ich die beschriebenen Techniken umzusetzen. Nach knapp zwei Wochen war es dann endlich so weit: Ich erlebte meinen ersten Klartraum.

Der Moment, in dem ich begriff, dass ich träumte, war geradezu eine Erleuchtung für mich. Sofort stieß mein Körper Unmengen an Endorphinen aus. Meine Sicht wurde schlagartig klarer. Ich atmete tief durch und spürte, wie die frische Luft meine Lunge füllte. Ich fühlte mich absolut frei und wusste, dass ich mich in meinem eige-

nen Unterbewusstsein befand. Voller Faszination betrachtete ich meine Umgebung und konnte nicht glauben, dass alles ein Produkt meiner geistigen Vorstellungskraft war. Die Wahrnehmung in der Traumwelt unterschied sich kaum noch von der Realität.

Ich hatte also tatsächlich den Zugang zu meinem Unterbewusstsein gefunden. Das Erste, was ich unbedingt ausprobieren wollte, war das Fliegen. Ich sprang in die Lüfte und stürzte mich in mein Abenteuer. Ich gab die grobe Handlung erst mal aus meinen Händen. Währenddessen blieb ich trotzdem vollkommen bewusst. Ich flog über meine Heimatstadt und kam aus dem Staunen nicht mehr heraus. Alle Gebäude standen an Ort und Stelle, obwohl sie von meinem Unterbewusstsein erschaffen worden waren. Der komplette Stadtplan musste also in meinem Kopf abgespeichert sein und ich war nun in der Lage, ihn detailgetreu abzurufen. Plötzlich hatte ich das Gefühl, dass mich ein guter Freund brauchte. Ich flog zu seiner Wohnung und fragte ihn, was sein Problem sei. Er war von Kopf bis Fuß verschuldet und wusste nicht mehr weiter. Vollkommen bewusst dachte ich darüber nach, wie ich ihm jetzt Geld organisieren könnte. Ich wusste ja, dass ich mich in einem Traum befand und deshalb machen konnte, was auch immer ich wollte; und ich wollte ein Abenteuer. Also flog ich zum nächstgelegenen Einkaufszentrum und beschloss dort ein paar Superkräfte auszuprobieren. Im Luxusmodeladen angekommen, brachte ich mithilfe meiner Gedanken die Zeit zum Stillstand. Weil sich nun nichts mehr um mich herum bewegte, konnte ich mich problemlos an der Kasse bedienen. Plötzlich merkte ich, dass ich den Fokus langsam verlor und der Traum sich dem Ende neigte. Langsam löste er sich auf und meine Wahrnehmung war nun wieder auf die Wachwelt gerichtet. Mit einem breiten Grinsen lag ich in meinem Bett und freute mich schon auf meinen nächsten luziden Traum.

Du siehst also, das Üben kann bereits nach wenigen Tagen zum Erfolg führen und deine Träume auf ein neues Level heben. Sie können so einen großen Einfluss auf dich nehmen, dass sich dein ganzes Leben zum Positiven verändert.

Bevor ich mit dem Klarträumen begonnen hatte, besuchte ich noch die Haupt- bzw. Mittelschule. Durch die persönliche Entwicklung, die ich ab dann durchlebte, steigerte sich auch meine schulische Leistung. Ich schloss mein Abitur ab und ging dann sogar studieren. Meine Eltern sind bis heute noch erstaunt, wenn sie das mit meinen Leistungen aus der Grundschulzeit vergleichen. Wo ich früher noch Probleme hatte, schien das Leben jetzt wie am Schnürchen zu laufen. Ich beendete mein Studium als Ingenieur, forschte an einer Klartraummaske, die dabei helfen kann, Klarträume auszulösen, und gründete später die Plattform *HigherMind.* Heute zählt sie zu einer der größten Online-Plattformen für persönliche und spirituelle Weiterentwicklung in Deutschland. Das luzide Träumen war für mich ein Schlüsselerlebnis, das mein Leben revolutionierte.

Seit vielen Jahren begleite ich nun auch Menschen, die sich fürs Klarträumen interessieren. Als leidenschaftlicher Klartraum-Trainer habe ich bereits Tausenden Menschen dabei geholfen, es selbst zu erlernen. In der engen Zusammenarbeit mit meinen Kursteilnehmern sind wir auf interessante Erkenntnisse gestoßen, die ich in dieses Buch habe einfließen lassen. Es basiert also auf den Erfahrungen Tausender Klarträumer und soll ein Geschenk an jeden sein, der Klarträumen erlernen möchte. Mit diesem Buch möchte ich dich gleichzeitig inspirieren und es dir so einfach wie möglich machen, das luzide Träumen selbst zu erlernen. Außerdem soll es dich als Praxishandbuch begleiten, um immer wieder an deinen Klartraum-Fähigkeiten zu arbeiten und deine luziden Träume dazu zu nutzen, dein Leben zu verbessern.

Einen großen Dank an dieser Stelle an meine Lektorin Michelle Hegmann. Ihre luziden Träume sind der Grund, warum das Buch in dieser Form existiert. Mithilfe meines ersten Buches, das ich 2016 schrieb, hat sie sich das Klarträumen selbst beigebracht und sich in ihren Träumen aktiv auf ein Vorstellungsgespräch beim Droemer Knaur Verlag vorbereitet. Und siehe da, sie hat ihren Traumjob bekommen, weshalb du nun dieses Buch in deinen Händen hältst. Es macht mich so glücklich, zu sehen, wie viele meiner Leser und Kursteilnehmer ihr Leben durch luzides Träumen bereichern konnten. Dieses Buch ist aus wahrer Leidenschaft entstanden und eine Fügung des Schicksals. Nun liegt es an dir, dieses Schicksal fortzuführen. Zu was wird dich deine Klartraumreise inspirieren? Wie wird luzides Träumen DEIN Leben verändern? Finde es heraus!

1 LUZIDES TRÄUMEN VERSTEHEN

Die Geschichte der luziden Träume geht sehr weit zurück. Das *British Museum* ist im Besitz einer Papyrusrolle, die ca. aus dem Jahre 2000 v. Chr. stammt und Informationen über Träume enthält.[1] Dieses ägyptische Traumbuch befasst sich bereits mit dem Thema Traumdeutung und es wird vermutet, dass bereits damals das luzide Träumen bekannt war. Manche Forscher können sich sogar vorstellen, dass luzides Träumen die reguläre Art des Träumens war und sie über Generationen verkümmert ist. Auch bei den alten Griechen gibt es einige Anzeichen für luzides Träumen. Zum Beispiel schrieb Aristoteles: »Wenn man schläft, gibt es oft etwas im Bewusstsein, das erklärt, dass das, was sich dann präsentiert, nur ein Traum ist.«[2] Die ersten Kulturen, die luzides Träumen nachweislich praktizierten, waren die Vajrayana- und Bön-Tibeter mithilfe von Traumyoga-Techniken (ca. 6–8 Jahrhundert n. Chr.).[3]

Der Begriff »lucid dream« wurde 1913 erstmalig vom niederländischen Psychologen Frederick van Eeden in seinen Traumstudien verwendet.[4] Seither wurde das Thema in der westlichen Welt immer populärer. Stephen LaBerge ist es 1980 gelungen, das luzide Träumen im Labor nachzuweisen. Dazu später aber mehr. Paul Tholey war ein weiterer führender Forscher auf dem Gebiet und prägte 1977 in Deutschland den Begriff Klartraum.[5] Seine Definition sagte aus, dass Klarträume Träume seien, in denen einem selbst ganz klar ist, dass man träumt. Zudem könne man darin seine eigenen Entscheidungen treffen.

Angelehnt an Tholeys sieben Kriterien, die einen luziden Traum ausmachen, habe ich folgende Fragen formuliert:

1. Weißt du, dass du träumst?
2. Kannst du dich im Traum frei entscheiden?
3. Ist dein Bewusstsein in keiner Weise getrübt?
4. Erlebst du deine Sinne wie im Wachleben?
5. Erinnerst du dich lückenlos an dein Wachleben?
6. Erinnerst du dich nach dem Aufwachen an den Klartraum?

Die ersten vier davon muss ein Traum erfüllen, damit er auch als luzider Traum bezeichnet werden kann.[6]

Wenn du dich an deine Träume zurückerinnerst, wirst du vielleicht den einen oder anderen im Hinterkopf haben, indem du beispielsweise geflogen bist und dich darüber gewundert hast, dass dies möglich ist. Oder du hast einfach intuitiv gespürt, dass es ein Traum ist, wusstest aber noch nicht, dass du diesen auch steuern kannst. Prof. Dr. Schredl und Dr. Erlacher fanden 2004 in einer Studie[7] heraus, dass bereits 82 % der Befragten mindestens einmal im Leben einen luziden Traum erlebt haben. Über 20 % gaben sogar an, mehrmals im Monat luzid zu träumen. Leider wissen die meisten nur noch nicht so recht, was sie mit diesen Träumen anfangen sollen. Gerade aus diesem Grund ist es wichtig, das große Potenzial hinter dem luziden Träumen zu erkennen, denn so können nächtliche Abenteuer auch als Lebenshilfe eingesetzt werden.

Die Möglichkeiten im Klartraum sind grenzenlos. Es ist alles erreichbar, was du dir vorstellen kannst. Allein deine eigene Fantasie begrenzt das, was du im Klartraum erleben kannst. Das folgende Beispiel soll dir dabei helfen, leichter zu verstehen, wie sich ein luzider Traum anfühlt. Stelle dir vor, ein normaler Trübtraum wäre wie ein Kinobesuch. Du machst es dir im Kinosessel bequem und tauchst vollständig in die Handlung des Films ein. Der Film zieht dich so tief in seinen Bann, dass du das Kino selbst gar nicht mehr wahrnimmst. Es ist, als wärst du mitten dabei, doch dein Körper sitzt eigentlich nur da und schaut auf eine Leinwand. In einem Klartraum ändert sich das jedoch. Du schaust dir diesen Film nicht nur an, sondern du bist Regisseur, Kamera, Drehbuch, Szenerie und Hauptdarsteller gleichzeitig. Es gibt niemanden, der dir etwas vorschreibt, und du musst nichts befürchten, wenn du etwas Falsches machst. Du bist der Chef und du bestimmst, was möglich ist. Du wählst das Genre selbst. Was darf es sein? Ein Science-Fiction-Thriller, vielleicht auch ein Cartoon oder ein Fantasy-Abenteuer? Breche einfach die physischen Gesetze, während deine Sinneswahrnehmung genauso scharf ist wie im realen Leben. Du siehst, hörst, fühlst, riechst und schmeckst wie in der Wachwelt.

Das Allerbeste ist aber, dass du für diese Erlebnisse keinen freien Platz in deinem Terminkalender finden musst. Du musst keine Zeit investieren – ganz im Gegenteil: Das luzide Träumen schenkt dir die Möglichkeit, auf verborgene Lebenszeit zurückzugreifen, die du sonst in Trübträumen verlieren würdest, an die du dich ohnehin nicht erinnern könntest. Der Durchschnittsmensch verschläft ca. 25 Jahre seines Lebens. Davon sind etwa viereinhalb Jahre reine Traumzeit. Diese Extrazeit dient dir aber nicht nur zur Unterhaltung. Du kannst sie direkt fürs Wachleben nutzen, um dich persönlich weiterzuentwickeln, Probleme und Konflikte zu lösen, Fähigkeiten und Talente zu trainieren oder sogar deine Gesundheit zu verbessern. Wie genau dir der Klartraum einen großen Vorteil im Leben verschaffen kann, werde ich dir später noch mit detaillierten Anleitungen verraten.

Was ist beim Klarträumen möglich?

Bevor du dir das luzide Träumen beibringst, solltest du ein genaueres Bild davon bekommen und erfahren, was darin eigentlich möglich ist. Bisher konnte ich dir nur einen kleinen Überblick in die Thematik geben, jetzt gehen wir ins Detail. Und wie könnte ich dir die Möglichkeiten, die ein Klartraum bietet, besser beschreiben, als von persönlichen Erfahrungen zu berichten? Daher werde ich in diesem Abschnitt meine eigenen Traumberichte verwenden, um dir anhand dieser Beispiele die Möglichkeiten eines Klartraums näherzubringen.

Ich blickte auf meine linke Hand und begann meine Finger zu zählen. Eins, zwei, drei … »Moment mal, warum habe ich nur drei Finger?«, dachte ich mir. Ich zählte nochmals von vorne: »Eins, zwei, drei, vier, fünf, sechs, sieben … ah, das müsste ein Traum sein.« Sofort überfiel mich das gewohnte Gefühl von Freiheit. Ich wusste, dass ich in meinem Bett lag und gerade träumte. Mein Bewusstsein wurde schärfer und ich fühlte mich völlig wach und klar. Ich wusste, dass mir nun alle Wege offenstanden.

Dass man im Klartraum bei vollem, wachem Bewusstsein ist, sollte dir bereits bekannt sein. Der Übergang zwischen Trüb- und Klarheit passiert rapide, wenn man in einer bestimmten Situation merkt, dass es sich um einen Traum handelt. In diesem Moment wird ein Teil des Gehirns aktiv, der für logisches Denken und dem Treffen bewusster Entscheidungen zuständig ist. Man nimmt seine Traumumgebung ab diesem Zeitpunkt verschärft wahr, weiß aber trotzdem, dass man gerade im Bett liegt. Vor allem bei den ersten Klarträumen verspürt man einen gewaltigen Gefühlsausbruch: Freude, Verblüffung, Freiheit …

Die Euphorie stieg sofort an. Ich war so glücklich, einen Klartraum zu erleben. Die Freude sprudelte geradezu aus mir heraus. Meine Emotionen waren auf einem solch hohen Level, dass ich merkte, wie mir der Traum entglitt. Um ein Haar verfrachtete sich meine Wahrnehmung zurück in mein Bett, doch ich schaffte es gerade noch, den Fokus im Traum zu halten. Ich konzentrierte mich auf meinen Tastsinn, indem ich die kühle weiße Wand vor mir anfasste und meine Finger über den gestrichenen Putz wandern ließ. Ich sah mich in meiner Umgebung um und fand mich in meinem alten Klassenzimmer wieder.

Die Emotionsüberladung kann – vor allem bei Anfängern – zum Abbruch des Traumzustandes führen. Sobald Emotionen zu stark werden, reagiert der physische Körper mit entsprechenden hormonellen Reaktionen, die das Gehirn wieder in den Wachzustand zurückbringen. Das ist völlig normal und wird dir zu Beginn deines Trainings wahrscheinlich des Öfteren passieren. Stelle dich also darauf ein, dass deine ersten Klarträume nur von kurzer

Dauer sein werden. Mit der Zeit kannst du aber lernen, deinen Klartraum zu stabilisieren und somit die Dauer deines Traums zu verlängern. Sich auf seinen Tastsinn zu fixieren, ist eine Technik, um diese Stabilität wiederaufzubauen.

Wie ich das Tor zu meinem Unterbewusstsein öffnete

Nachdem ich meinen Traum stabilisieren konnte und mich in meinem alten Klassenzimmer wiederfand, hörte ich eine Stimme: »Andi! Du störst mal wieder den Unterricht!« Ich blickte in die Richtung, aus der die Stimme kam. Meine alte Lehrerin stand vor der Tafel und zeigte mit der Kreide auf mich. »Setz dich jetzt sofort wieder hin!« Die Klasse sah mich kritisch an. Ich kannte nur wenige der Personen, die angeblich meine Mitschüler waren. Meine Lehrerin, welche in diesem Traum ganz anders aussah als sonst, dafür aber genau den gleichen Charakter besaß, wurde langsam wütend. Ich ging zur Tafel und sagte ihr: »Keine Sorge, das ist alles nur ein Traum. Sehen Sie …« Ich sprang in die Luft, schwebte kurz und fiel langsam, wie eine Feder, wieder zu Boden. »Probieren Sie es auch mal aus.« Ich sah, wie im nächsten Moment die gesamte Klasse aufsprang und ebenfalls versuchte in die Luft zu springen. Bei einigen funktionierte es. Darüber waren sie sehr erstaunt. Andere wiederum versuchten es vergebens. »Siehst du«, sagte meine Lehrerin, »nicht alle träumen gerade.« Fast habe ich ihrer Aussage Glauben geschenkt, weshalb der Traum langsam in den Trübtraum überging und ich die Kontrolle über den Traum verlor. Im letzten Moment fiel mir noch auf, dass ich es allein war, der träumte, und ich niemanden davon überzeugen musste. Die Klarheit kam wieder zurück.

Im Traum erschafft dein Unterbewusstsein Traumpersonen. Diese können einen individuellen Charakter besitzen und dich regelrecht zum Staunen bringen. Die Charakterzüge kommen dir teilweise wie ein originales Abbild aus der Wirklichkeit vor, dennoch sind sie das Produkt deines eigenen Unterbewusstseins. Auch das Aussehen deiner Traumfiguren kann einer Person aus dem Wachleben sehr ähneln. Allerdings muss das nicht zwingend der Fall sein. Traumcharaktere können eine Mischung aus verschiedenen Zügen mehrerer Personen sein und daher eine komplett neue Person erschaffen. Wenn man Traumfiguren von etwas überzeugen möchte, wird man oft an Grenzen stoßen. Nicht selten kann man beobachten, dass manche Traumcharaktere unsinnige und zusammenhangslose Dinge von sich geben. Wenn du dessen Bedeutung ergründen möchtest, dann ist äußerste Vorsicht geboten. Dies kann dazu führen, dass dein Klartraum leicht in einen normalen Trübtraum abdriftet. Versuche deine Traumcharaktere also nicht mit realen Personen gleichzustellen, sondern sehe sie als Kommunikationsvermittler zu deinem Unterbewusstsein.

Ich fragte mich, warum ich eigentlich gerade in der Schule war, obwohl ich in Wirklichkeit eigentlich bereits studierte. »Frau Ott«, fragte ich meine Lehrerin, richtete meine Frage aber an mein Unterbewusstsein, »warum bin ich wieder in der Schule? Was wollen Sie mir zeigen?« Sofort begannen sich die Charakterzüge der Lehrerin zu verändern und sie antwortete: »Ich wollte dir den Unterschied zwischen Schule und Studium aufzeigen und bewusster machen. In der Schule gibt es einen Lehrer, welcher dir sagt, was du zu tun hast, um möglichst schnell an dein Ziel zu kommen. Heute wäre das für dich jedoch kontraproduktiv und würde dich ausbremsen. Ich wollte dir klarmachen, dass Eigeninitiative das Kernelement deines Studiums ist.« – »Habe ich Sie dann nicht bei Ihrer Arbeit gestört?«, fragte ich. »Ist es schlecht, dass ich Ihnen mit meinem Klartraum in die Quere kam?« – »Ja, stimmt. Du hast zwar gestört, trotzdem ist das keinesfalls schlecht für dich. Wie ich sehe, ist dir etwas ganz Wichtiges bewusst geworden.« Vollkommen begeistert wachte ich in meinem Bett auf und war um wertvolle Erkenntnisse reicher.

In diesem Moment wurde mir klar, dass ich im Traum Zugriff auf mein Unterbewusstsein erhalte. Jede Wahrnehmung im Traum wird davon erschaffen. Wenn wir nun in einem Traum luzid werden, verbindet sich das bewusste Denken damit. Traumcharaktere bieten eine gute Möglichkeit, Fragen an dieses zu stellen. Denn dort sind viele Informationen abgespeichert, die man sich unmöglich bewusst merken könnte. Das Unterbewusstsein verarbeitet im Traum verschiedenste Ereignisse aus deinem Alltag, damit bestimmte Zusammenhänge klarer werden, Gedanken sortiert werden und man sie mit tief verborgenen Erfahrungswerten kombinieren kann. Träumen ist also sehr wichtig für unseren Verstand. Da stellt sich nun die Frage: Stören wir den Prozess, wenn wir klarträumen? Nein, denn wir verarbeiten trotzdem unsere Gedanken. Dies geschieht dann nur auch zum Teil auf bewusster Ebene.

Man eröffnet sich sogar neue Möglichkeiten, indem man seinen Gedankenverarbeitungsprozess in eine bestimmte Richtung lenkt. Das Unterbewusstsein ist und bleibt weiterhin aktiv. Außerdem sammelt man bewusst wertvolle Erfahrungen, welche einem im realen Leben sehr weiterhelfen können.

In der Zeit, in der ich fleißig an meiner Bachelorarbeit tüftelte, bei der ich einen REM-Schlaf-Detektor zum Auslösen von Klarträumen entwickelte, hatte ich immer wieder mit technischen Problemen zu kämpfen. Um die Schlafphasen der Probanden messen zu können, musste ich die Daten meiner Sensoren aufzeichnen können. Dazu implementierte ich einen SD-Kartenslot, um die gesammelten Daten auf eine Speicherkarte zu schreiben und anschließend auf dem Computer auswerten zu können. Leider funktionierte die technische Realisierung nicht so, wie ich es mir vorgestellt hatte. Ich kam seit Tagen keinen Schritt voran. Die Zeit lief mir bereits davon, sodass ich immens unter Druck stand. Zum Glück erlebte ich einen luziden Traum, der die Situation veränderte. Ich beschloss, im Traum mein Unterbewusstsein um Rat zu fragen. Darauf bekam ich verblüffenderweise genau die Antwort, die ich suchte. Mir fiel auf, dass ich den Fehler seit Tagen an der falschen Stelle gesucht hatte. Tief in mir war mir klar, was zu tun ist, doch auf bewusster Ebene war ich einfach nicht auf die Lösung gekommen. Erst durch die Hilfe meines Klartraums konnte ich mich aus dieser verzweifelten Lage befreien. Ich konnte die Problematik lösen und die Elektronik der Schlafmaske in Gang bringen.

Man ist sehr erstaunt, wenn man merkt, wozu das eigene Unterbewusstsein eigentlich imstande ist. Unser Verstand stößt ab einem gewissen Grad an seine Grenzen. Im Klartraum haben wir die Möglichkeit, auf verborgene Ecken des Unterbewusstseins zuzugreifen und somit auf kreative Lösungen zu kommen. Du kannst es zu den unterschiedlichsten Lebensaspekten befragen. Wenn du vor einer schwierigen Entscheidung stehst, die dein Leben in verschiedene Richtungen führen könnte, hast du die Möglichkeit, dein Unterbewusstsein dazu zu befragen. Luzide Träume lassen sich also auch hervorragend als Quelle der Inspiration nutzen. Die Filmmeisterwerke *Inception* oder *Interstellar* von Christopher Nolan sind laut seinen Aussagen durch luzide Träume inspiriert worden. Ähnliches ist auch von der *Matrix-Trilogie* der Wachowski-Geschwister bekannt.

Welche Talente und Fähigkeiten stecken in mir?

Gesammelte Erkenntnisse im Traum kannst du ins reale Leben mitnehmen. Dies gilt übrigens auch für alle Erfahrungen, die du in deinen Träumen sammelst. So hast du die Chance, Fähigkeiten aus der realen Welt im Traum zu trainieren.

Ich besuchte einen Freund in der Nähe des Bayerischen Waldes. Im Winter gab es dort immer schöne Pisten. Ich stand zuvor kaum auf dem Snowboard, weswegen ich am ersten Tag massive Probleme dabei hatte, nur zehn Meter geradeaus zu fahren, ohne dass ich gleich stürzte. In der folgenden Nacht erlebte ich einen luziden Traum und beschloss, meine Snowboardfähigkeiten zu trainieren. Dadurch, dass ich in der Realität bereits wusste, wie sich das

Snowboarden anfühlt, konnte ich dieses Szenario auch wunderbar im Traum nachbilden. Der Traum machte mir dann so viel Spaß, dass ich richtig steile und felsige Abhänge regelrecht herunterbretterte. Am nächsten Tag ging es wieder auf die Piste und siehe da, eine deutliche Verbesserung war zu spüren. Zwar traute ich mich nicht an ähnlich steile Abhänge, wie sie im Traum vorgekommen waren, dennoch ist meine Körperhaltung stabiler geworden und ich konnte die Piste herunterfahren, ohne dass ich auch nur einmal stürzte.

Man kann den Klartraum wunderbar dazu nutzen, um ein mentales Training durchzuführen. Oft ist der limitierende Faktor nicht die Muskelkraft oder die physische Ausdauer, die wir in bestimmten Sportarten benötigen, sondern der mentale Part. Spitzensportler werden das bestätigen können. Häufig sieht man, wie Sportler ihre Augen schließen und ihre Bewegungsabläufe in Gedanken simulieren. Ein ähnlicher Effekt geschieht auch beim luziden Träumen. Da man sich mit dieser Methode einen Vorteil gegenüber seiner Konkurrenz verschaffen kann, wird das luzide Träumen bei Sportlern im professionellen Bereich immer populärer. Dieses Prinzip lässt sich auch auf alle anderen Fähigkeiten anwenden. Wenn du ein Musikinstrument besser spielen, deine Aussprache einer Fremdsprache optimieren oder schwierige Vorträge vor einem Publikum einüben möchtest, kannst du das wunderbar in einem Klartraum machen.

Ich sah mich in meiner Umgebung um und stellte mir sofort die Frage: »Träume ich gerade?« Ich hielt mir mit meinen Fingern die Nasenflügel zu und versuchte durch die geschlossene Nase zu atmen. Da es mir gelang, wusste ich nun sicher, dass es ein Traum war. Ich befand mich mitten in Moskau, obwohl ich noch nie dort gewesen war. Zu meiner Verwunderung stellte ich fest, dass die Traumcharaktere makellos Russisch sprachen. Ich selbst jedoch nicht. Auch im Traum hatte ich zuerst eine Sprachbarriere im Kopf. Meine Aussprache ließ, wie im realen Leben auch, eher zu wünschen übrig. Ich unterhielt mich jedoch mit meinen Traumcharakteren und sagte ihnen, sie sollen mir doch bei der Aussprache helfen. Während ich mit einer hilfsbereiten Russin über die Moskauer Stadt flog und mich in Russisch unterrichten ließ, hörte ich überall in der Stadt Musik. Es waren Lieder aus den derzeit aktuellen Charts. Ich fand es sehr faszinierend, da die Lieder identisch mit der Realität waren. Ich genoss die Musik und war so berührt, weil ich wusste, dass diese Lieder von meinem Unterbewusstsein selbst gesungen wurden.«

Luzide Träume bringen einen immer wieder aufs Neue zum Staunen. Sprachen, die man selbst nicht perfekt beherrscht, können vom Unterbewusstsein fehlerfrei gesprochen werden. Musik, die man zwar einmal gehört hat, aber unmöglich beim Karaoke nachsingen könnte, werden perfekt abgespielt. Im luziden Traum bekommen wir hierauf den direkten Zugang und können uns immer wieder von unseren verborgenen Fähigkeiten beeindrucken lassen. Jede Erfahrung, die wir in der Realität gesammelt haben, können wir im Traum von unserem Unterbewusstsein abrufen lassen. Bei Erfahrungen, die wir noch nicht gemacht haben, sieht das aber etwas anders aus.

Ich wurde luzid, während ich davon träumte, wie ich in der Mensa aß. Das Essen dort gilt nicht gerade als kulinarisches Highlight. Da ich aber Lust hatte, etwas Leckeres zu essen, teleportierte ich mich an einen sommersonnigen Strand in der Karibik. Direkt neben dem Meer waren immer wieder Kisten mit reifen exotischen Früchten zu finden: Mangos, Papayas, Maracujas, Kiwis, Ananas usw. Ich genoss die Geschmacksexplosion jeder einzelnen Frucht, die ich probierte. Das Beste war, dass sich keinerlei Sättigungsgefühl einstellte. Ich konnte ohne schlechtes Gewissen zugreifen und so viel essen, wie ich wollte. Jede Frucht schmeckte wie in der Realität und teilweise sogar noch besser. Da ich bis zu diesem Zeitpunkt noch nie eine Drachenfrucht probiert hatte, machte ich mich auf die Suche nach der Drachenfruchtkiste. Lange dauerte es nicht, bis ich sie fand und die erste Frucht halbierte. Ich aß das weiße, körnige Fruchtfleisch und fiel in eine Geschmacksekstase. Sie schmeckte so wunderbar fruchtig und erfrischend. Dieser Geschmack war so neu für mich, dass ich sie direkt zu meiner neuen Lieblingsfrucht erklärte. Ein paar Wochen später im Wachleben kaufte ich mir eine im Supermarkt. Ich fiel vor Enttäuschung aus allen Wolken, als ich sie probierte. Der Geschmack war nicht annähernd so gut wie im Traum und wies auch so gut wie keine Ähnlichkeit dazu auf.

Meine neue Definition von Kreativität

Logischerweise kann das Unterbewusstsein nur Erfahrungen im Traum simulieren, die man bereits gesammelt hat. Wenn man aus dem Realitätsleben nicht weiß, wie eine bestimmte Frucht tatsächlich schmeckt, kann es den Geschmack nur versuchen zu erraten. Dennoch ist das Unterbewusstsein in der Lage, einen völlig neuen Geschmack zu kreieren, den es in der Realität so nicht gibt. Und genau das ist eine Fähigkeit, die dich im luziden Traum noch mehr zum Staunen bringen wird: das Erschaffen.

Ich stieg in einen luziden Traum ein und befand mich beim Haus meiner Eltern. Obwohl ich selbst keinen Motorrad-Führerschein und schon gar kein Motorrad besaß, wollte ich es unbedingt im Traum ausprobieren. Deshalb versuchte ich mir zuerst ein Motorrad herbeizuwünschen. So einfach machte es mir mein Unterbewusstsein jedoch nicht. Egal wie sehr ich mich anstrengte, konnte ich kein Motorrad vor meinen Augen erscheinen lassen. Ich probierte es auf einem anderen Weg. Ich stellte mir vor, dass das Motorrad hinter dem geschlossenen Garagentor stand. Ich öffnete es und sah dort eine schwarze Supersportlermaschine stehen. Voller Freude stürzte ich mich auf dieses Abenteuer.

Im Klartraum muss man ab und zu um die Ecke denken. Oft ist es gar nicht so leicht, sich etwas direkt herbeizuträumen, egal ob es sich dabei um Gegenstände, Personen oder Situationen handelt. Wenn man sich etwas nicht direkt vorstellen kann oder man dafür keine logische Erklärung findet, wird sich der gewünschte Trauminhalt nicht immer manifestieren. Gaukelt man seinem Unterbewusstsein aber eine logische Erklärung vor, kommt man wesentlich leichter ans Ziel. Sobald man den Dreh raushat, sind dem Erschaffen keine Grenzen gesetzt.

Ich fuhr mit dem Motorrad mit rasanter Geschwindigkeit auf der Landstraße. Ich wollte mein Abenteuer jedoch noch weiter treiben. Ich stellte mir vor, dass auf der Armatur ein Spezialknopf auftauchen würde, sobald ich meinen Blick darauf richtete. Ich drückte diesen Knopf und dann ging das Abenteuer erst richtig los. Das Motorrad begann nun abzuheben und ich konnte damit in der Luft fliegen. Es war atemberaubend. Ich fragte mich, wie schnell ich wohl damit fliegen konnte. Mit dem Ziel, eine andere Dimension zu erreichen, gab ich Vollgas. Meine Umgebung verzerrte sich um mich herum und ich hatte das Gefühl, durch einen gekrümmten Raumzeittunnel zu fliegen. Ich wollte einen anderen Planeten besuchen, auf dem andere Naturgesetze galten. Und so kam ich in einer Welt an, in der die Gravitation eine andere war. Zuerst fiel es mir nicht auf, da ich immer noch in der Luft flog (das Motorrad hatte ich allerdings während der Reise verloren). Ich sah, wie die Bewohner dieses Planeten lange und hohe Schritte machten. Ich wollte die Gravitation auch spüren und beendete meinen Flug. Ich machte ein paar Schritte und hatte das Gefühl, ich wäre auf dem Mond. Es machte richtig viel Spaß, sich auf diese Weise fortzubewegen. Mir fiel auf, dass dieser Planet nicht die gleiche Form von Materie besaß wie die Erde. Die Gegenstände und die Umwelt strahlten in Farben, die ich noch nie zuvor gesehen hatte. Ich konnte meinen Augen und meinem Verstand kaum glauben. Die Fassungslosigkeit führte dazu, dass mir die Kontrolle über den Traum entglitt. Vollkommen berauscht lag ich in meinem Bett und spürte, wie die Endorphine durch meinen Körper pumpten. Dieser Traum sorgte mehrere Tage für anhaltende Glücksgefühle.

Es ist also möglich, komplexe Dinge zu erschaffen, welche fernab der Realität sind. Alles, was wir dazu benötigen, ist eine blühende

Fantasie. Der Klartraum ist und bleibt immer ein Zusammenspiel von Bewusstsein und Unterbewusstsein, weshalb die Kontrolle nicht komplett abgegeben werden kann. Wir sind nur in der Lage, brillante Dinge zu erschaffen, wenn wir Letzteres bewusst dazu animieren.

Wie mich meine Träume therapierten

Wir wissen ja, wie mächtig unser Unterbewusstsein in unserem Alltagsleben sein kann. Ängste, Phobien, Glaubenssätze und Gewohnheiten sind stark darin verankert. Deswegen können wir uns in manchen Situationen, die in unserem Alltagsbewusstsein auftreten, nur schwer bewusst dagegenstellen. Wenn wir im Traum jedoch Zugang zu unserem Unterbewusstsein haben, können wir es auch umprogrammieren.

Im Grundschulalter stand ich nach der Schule alleine an der Bushaltestelle, während eine Frau mit ihrem Schäferhund an mir vorbeispazierte. Aus heiterem Himmel sprang der Hund mich an und biss mir direkt in meine Hüfte. Da ich zum Glück eine dicke Jeans trug, kam ich mit Quetschwunden davon. Das Problem waren aber nicht die körperlichen Wunden und Schmerzen, sondern die psychischen Folgen. Nach diesem Erlebnis traute ich mich anschließend nur schwer in die Nähe eines Hundes. Ich träumte auch öfter von aggressiven Hunden, die mich verfolgten. Nachdem ich älter wurde und schon ein wenig Erfahrung im luziden Träumen hatte, träumte ich eines Nachts wieder davon, wie mich ein Hund angriff. Währenddessen wurde ich luzid und beschloss, mich meiner Angst zu stellen. Ich drehte mich um und blickte mutig auf den aggressiven

Rüden. Ich wusste, mir konnte nichts passieren, da ja nichts davon real war. Ich stellte ihm die Frage: »Was willst du von mir? Warum läufst du mir immer hinterher?« Daraufhin wurde er plötzlich sehr zahm und begann zu sprechen: »Ich laufe dir hinterher, weil du willst, dass ich dir hinterherlaufe. Ich dachte, du brauchst es, damit du dich vor mir schützen kannst.« Sofort wurde mir einiges klar. Natürlich blieb meinem Unterbewusstsein nichts anderes übrig, als mir einen Hund hinterherlaufen zu lassen, damit ich ihnen zu meinem Schutz weiterhin aus dem Weg gehen würde. Als ich im Traum aufgehört hatte wegzulaufen, verschwanden meine Angst und die damit verbundene Schutzhaltung. Ich spielte etwas mit dem Hund und gewann immer mehr Vertrauen zurück. Das sorgte auch dafür, dass ich im Wachleben besser mit Hunden umgehen konnte und meine Angst schließlich ganz verlor.

Mit luziden Träumen haben wir also die Möglichkeit, unser Unterbewusstsein nach unseren Wünschen umzuprogrammieren. Klarträume eignen sich besonders gut, um Ängste oder Phobien loszuwerden. Doch Vorsicht: Versuche nicht, tiefsitzende psychische Traumata ohne Begleitung eines erfahrenen Therapeuten zu behandeln. Du solltest so etwas nur bei Kleinigkeiten, bei denen du psychische Stabilität garantieren kannst, ausprobieren. Ebenso kann man damit negative Gewohnheiten wie beispielsweise Rauchen oder ungesunde Ernährung in den Griff bekommen. Man kann also seine Lebensqualität immens steigern. Wenn wir einmal die Macht hinter dem Unterbewusstsein genauer betrachten, sehen wir, welch unglaubliches Potenzial uns das luzide Träumen bietet. Der Placebo-Effekt, eine besonders starke Heilfunktion unseres Unterbewusstseins, kann im luziden Traum genutzt werden. So können wir Krankheiten schneller und effektiver heilen und unsere Selbstheilungskräfte stärken. Immense Vorteile der persönlichen Weiterentwicklung liegen also klar auf der Hand.

Meine große Abenteuerreise

Während ich durch die Luft flog, wurde mir allmählich klar, dass es sich um einen Traum handeln musste. Ich freute mich, den luziden Zustand erreicht zu haben, und legte sofort los. Ich hatte Lust auf ein richtiges Abenteuer. Da ich zu dieser Zeit die Anime-Serie One Piece *häufig schaute, entschied ich, direkt dort einzusteigen. Ich drehte mich in der Luft noch mehrmals schnell im Kreis. Die Umgebung um mich herum verschwamm und ich begann, eine neue Welt zu kreieren. Überall wimmelte es nun von möglichen Abenteuern: Urwälder, Meere, feindliche Piraten usw. Viele von meinen Traumcharakteren besaßen – wie in dem Anime auch – sogenannte Teufelskräfte. Es handelt sich dabei um spezielle Fähigkeiten, welche beispielsweise die Kontrolle von Naturkräften ermöglichten oder die Übernahme der Eigenschaften bestimmter Materialien. Ich selbst hatte die Eigenschaften von Gummi, genau wie der Hauptcharakter Ruffy im Anime. Ich konnte meinen Körper in alle Richtungen dehnen. Schläge oder Stöße konnten mir nichts anhaben, was mir in meinem Abenteuer große Vorteile verschaffte. Ich flog vom Himmel herab und hüpfte wie ein Flummi am Boden auf und ab. Ich stürzte mich auf die Piraten und verwickelte mich in wilde Prügeleien. Mir konnten die anderen natürlich nichts anhaben, egal wie fest sie zuschlugen. Ich konnte meine Arme beliebig weit ausdehnen und gewann somit viele Kämpfe. Es machte richtig viel Spaß, doch es wurde noch spannender. Ein guter Freund namens Zorro, ein*

Schwertkämpfer, kam zu mir geeilt, um mir eine Nachricht zu überbringen. Meine Freundin wurde von einem Fiesling gefangen gehalten. Mir blieb natürlich nichts anderes übrig, als mich auf die Suche nach ihr zu machen. »Halt«, schrie Zorro, »iss das hier!« Er warf mir eine rote Frucht zu. Ohne zu zögern, aß ich sie, denn ich wusste, was sie bedeutete. Sie verlieh mir die Fähigkeit, mich in Feuer zu verwandeln. Und nicht nur das, ich konnte sogar einen feuerspeienden Drachen rufen, was ich sofort tat. Alle Piraten um mich herum versanken in Ehrfurcht. Zorro und ich stiegen auf den Drachen und flogen zur Stadt, in der meine Freundin gefangen gehalten wurde. Die Piraten dort waren etwas mächtiger, aber das machte nicht viel aus. Ich konnte mich nun in Feuer verwandeln, hatte einen Drachen und einen mutigen Schwertkämpfer an meiner Seite. Wenn es brenzlig wurde, verlangsamte ich die Zeit und konnte mir somit ebenfalls einen Vorteil verschaffen. Zu dritt nahmen wir es mit der ganzen Stadt auf, bis ich, mit ein wenig Mühe und Rätselarbeit, schließlich auf meine Freundin stieß. Ich befreite sie und gab ihr einen leidenschaftlichen Kuss, der meine Emotionen zum Fließen brachte. Ich war heilfroh, sie gefunden zu haben, umarmte sie ganz fest und drehte mich mit ihr im Kreis. Die Umgebung verschwamm wieder und ich wechselte die Location. Wir plumpsten beide aus einer Höhe von ca. zehn Zentimetern auf einen feinen warmen Sandstrand und waren nun allein und ungestört … Eine Weile später entspannten wir am Strand und kamen dann auf die Idee, im Meer zu tauchen. Dazu verwandelten wir uns in Delfine, um unter Wasser atmen zu können. Im rasanten Tempo bewegten wir uns nun im Wasser fort und erkundeten gemeinsam die Tiefen des Meeres. Der Blick war fantastisch. Leuchtende bunte Fische umgaben uns, fluoreszierende Lebewesen erhellten das Wasser. Ich ging noch einen Schritt weiter. Dazu tauchte ich hinab bis zum Meeresgrund und setzte mich dort in die Hocke. Ich sammelte meine Kräfte, um mich vom Boden abzustoßen. Dazu vereinigte ich all meine Energie und katapultierte mich direkt nach oben. Im Wasser verspürte ich noch einen leichten Widerstand, als ich es jedoch verließ, flog ich wie eine Rakete mit irrer Geschwindigkeit empor. Es war so hoch, dass ich die Erdkrümmung sehen konnte. Und es ging noch weiter hinauf, bis ich schließlich vollständig im All landete. Ich hatte den Blick auf die Erde, den Mond und alle anderen Planeten in unserem Sonnensystem. Den restlichen Traum verbrachte ich mit einer Reise durch die Galaxie.

Du siehst also, dass du selbst über die Grenzen deines Traumes bestimmst. Du kannst erleben, was immer du möchtest, vorausgesetzt, du kannst es dir vorstellen. Lebe all deine Fantasien aus, ohne Angst vor Abweisung, Unfällen oder Tod zu haben. Der luzide Traum ist deine eigene Welt und du allein bist der Gott dieser Welt. Es wird sogar noch besser, denn luzides Träumen kann einen großen Einfluss auf dein Wachleben haben. Wie du das Klarträumen als Lebenshilfe nutzen kannst, werde ich dir aber in einem gesonderten Kapitel noch genauer erklären.

Die Wissenschaft hinter dem Klarträumen

Damit dir das Klarträumen später leichter fällt, solltest du grob wissen, was physiologisch während des Schlafs passiert. Denn dies ist etwas komplizierter, als es den Anschein erweckt. Wir wechseln nämlich immer wieder zwischen verschiedenen Schlafphasen. Darunter fallen Leichtschlafphasen, Tiefschlafphasen und die sogenannte REM-Schlafphase. Jede Phase hat ihre spezifische Wirkung auf uns, weshalb jede gleich wichtig für unsere Gesundheit ist. Sie treten nachts im 90-minütigen Rhythmus auf und das bedeutet, dass wir viele verschiedene Traumphasen durchlaufen. Wenn wir unsere Schlafrhythmen besser verstehen, können wir die Häufigkeit unserer (luziden) Träume steigern.

Mithilfe von komplexen Messinstrumenten kann der Schlaf genauestens untersucht werden. Wissenschaftler teilen den Schlaf in fünf verschiedene Stadien ein. Eigentlich musst du nur den Unterschied zwischen dem Leichtschlaf, Tiefschlaf und REM-Schlaf kennen.

Im Leichtschlaf reduziert sich unsere Gehirnwellenaktivität (Theta-Zustand). Verstand und Muskulatur entspannen sich und die Sinneswahrnehmung wird heruntergefahren. Beim Einschlafen können somit noch plötzliche Muskelzuckungen auftreten. Im Leichtschlaf treten vermehrt die Träume auf, die sehr realitätsbezogen sind und unseren Alltag widerspiegeln.[8] Vermutlich verarbeiten wir hier unsere Erlebnisse und bereiten uns auf die Zukunft vor.

Im Tiefschlaf verlangsamen sich die Gehirnwellen noch weiter (Delta-Zustand). Die körperliche Erholung wird eingeleitet, die Temperatur wird heruntergefahren und der Puls verlangsamt sich. Hier werden viele antioxidative Hormonprozesse in Gang gesetzt, die dem Alterungsprozess entgegenwirken. Das Aufwachen aus dieser Schlafphase fällt extrem schwer, jedoch sind Träume eher unwahrscheinlich.

Anders ist das im REM-Schlaf. Hier findet die höchste Traumaktivität statt, weshalb er besonders interessant für uns ist.[9] Mehrere Untersuchungen zeigten, dass luzide Träume fast ausschließlich in diesem Schlafzustand auftreten.[10] REM steht für »rapid eye movement« und beschreibt direkt das auffälligste Merkmal dieser Schlafphase. Unsere Augen bewegen sich, je nach Traumgeschehen, teilweise richtig schnell hin und her. Auch die Hirnwellenaktivität steigt stark an, manche Regionen sind sogar noch aktiver als im Wachzustand. Währenddessen leitet der Körper einen Schutzmechanismus ein, um zu verhindern, dass geträumte Bewegungen nicht auf den Körper übertragen werden. Dabei wird die Signalübertragung vom Gehirn zur Muskulatur unterbunden. Dieses Phänomen wird auch Schlafparalyse genannt. Normalerweise löst sie sich direkt nach dem Aufwachen auf, doch beim luziden Träumen kann es in seltenen Fällen vorkommen, dass wir sie bewusst wahrnehmen. Mehr Infos dazu findest du im Anhang des Buches.

Gegen Ende des Schlafs verlängert sich die Dauer der REM-Phase auf bis zu 30 Minuten. Die Tiefschlafphasen werden im Laufe der Nacht immer kürzer. Das bedeutet, dass wir in den frühen Morgenstunden deutlich länger, öfter und intensiver träumen als in der Nacht. Dieser Zeitraum ist daher für unser Klartraumtraining von besonderer Bedeutung. Doch dazu später mehr.

Das größte Hindernis, das uns beim Klarträumen im Weg steht, ist etwas, das ich »Realitätsillusion« nenne. Wir sind im Traum fest davon überzeugt, dass das, was wir träumen, die Realität selbst ist. Der Weitblick ist uns im Traum nicht gegeben, da unser Bewusstsein eingeschränkt ist. Wir identifizieren uns als eine ganz neue Person. Wir übernehmen ihr Denken, ihr Handeln und ihre Wahrnehmung. Selbst andere Traumfiguren besitzen ihr eigenes Ich-Bewusstsein. Diese Illusion ist physiologisch begründet. Denn im Traum ist unser präfrontaler Cortex deaktiviert, das

Hirnareal, das für logisches und kritisches Denken zuständig ist. Wird dieser Bereich aktiviert, erweitert sich unser Bewusstsein und wir können den Traum als solchen enttarnen.[11] Dann sind wir in der Lage, die Illusion zu durchschauen. Die Forscherin Ursula Voss stimulierte dieses Hirnareal bei einigen Versuchsteilnehmern sogar mit leichtem Wechselstrom. Dadurch konnten tatsächlich vermehrt luzide Träume ausgelöst werden.[12] Dies zeigt, dass wir Klarträume auslösen können, wenn der präfrontale Cortex aktiviert wird.

Wenn wir im Traum sogar vergessen können, wer wir in Wirklichkeit sind, und wir so stark in die Rolle einer selbsterschaffenen Identität schlüpfen können, was gibt uns dann Gewissheit, dass wir uns diesen luziden Zustand nicht einfach nur einbilden? Es könnte ja sein, dass wir nur träumen, wir könnten unsere Träume steuern, dabei nehmen wir sie einfach nur etwas intensiver wahr als sonst. Doch die Wissenschaft sagt etwas anderes. Steven LaBerge hat in einem Experiment nachgewiesen, dass wir im Klartraum freie Entscheidungen treffen können und sie nicht vom Traumgeschehen selbst vorgeschrieben werden.[13]

Für dieses Experiment wurde ein Klarträumer an ein Schlafmessinstrument angeschlossen. Zuvor wurde ihm mitgeteilt, dass er im Klartraum mit den Augen ein bestimmtes Bewegungsmuster (z. B. links, rechts, links, rechts) ausführen solle. Und tatsächlich, als es dann so weit war, schickte der Proband diese Zeichen an die Außenwelt. Diese konnten die Forscher mithilfe von speziellen Messgeräten an den Augenbewegungen ablesen.

2021 gab es ein weiteres Experiment, das sogar die zweiseitige Kommunikation nachwies.[14] Dabei wurden den Klarträumern verschiedene Aufgaben (z. B. 8 minus 2) oder Ja-Nein-Fragen direkt im Traum gestellt. Diese konnten sie zuverlässig mit vorher abgesprochenen Augenbewegungen beantworten.

Das Besondere an luziden Träumen ist also, dass sie wissenschaftlich nachgewiesen werden können und gleichzeitig einen tiefen Einblick in uns selbst ermöglichen. Sie sind die Brücke, die die wissenschaftliche Welt mit der spirituellen verbindet.

Das solltest du wissen, bevor du anfängst

Nun weißt du, wie spannend das Klarträumen sein kann, und kannst bestimmt kaum erwarten, es selbst auszuprobieren. Doch bevor du damit startest, solltest du wissen, wann Vorsicht geboten ist und was du vielleicht lieber vermeiden solltest. Im Grunde kannst du unbesorgt sein, denn wenn du dich an ein paar Grundregeln hältst und über die negativen Seiten aufgeklärt bist, kann nichts schiefgehen. Das bedeutet aber nicht, dass es nicht auch mal gruselig werden könnte. Unter bestimmten Umständen kann das Klarträumen in seltenen Fällen sogar einen negativen Einfluss auf dein Leben ausüben. Doch das ist kein Grund, sich vor luzidem Träumen zu fürchten oder es an den Nagel zu hängen. Wenn du über die negativen Seiten aufgeklärt bist und weißt, wie du richtig mit diesen Situationen umgehst, dann bist du stets sicher und behütet.

Achtung bei psychischen Erkrankungen

Menschen mit psychischen Störungen sollten beim Klarträumen aufpassen und es besser nur in enger Zusammenarbeit mit einem Psychologen oder Therapeuten anwenden.

Gerade bei schwerwiegenden Krankheiten wie Schizophrenie oder multiplen Persönlichkeitsstörungen könnten luzide Träume dazu führen, dass Betroffene nicht mehr richtig zwischen Traum und Realität unterscheiden können.[15] Dies fällt ihnen bereits im Alltag schwer. Andererseits kann sich der Neurowissenschaftler Martin Dresler vorstellen, dass der gezielte Einsatz von Klarträumen sogar behilflich sein kann, um diese Krankheiten zu therapieren.[16] In einem Artikel spricht ein an Schizophrenie Erkrankter darüber, wie er durch Klarträume seine Krankheit besser in den Griff bekommen hat.[17]

Muss man sich auch ohne Krankheit davor fürchten, dass man nicht mehr richtig zwischen Traum und Realität unterscheiden kann? Nein, ganz im Gegenteil. Jeder Klarträumer wird bestätigen können, dass die Techniken das Bewusstsein eher schärfen als trüben. Gerade das ist das Kernelement des Klartraumtrainings: Wir lernen nur noch besser zwischen Traum und Wachsein zu unterscheiden, damit wir Träume als solche noch zuverlässiger erkennen können. In den vielen Jahren der Klartraumforschung ist es zu keinen Anzeichen gekommen, dass regelmäßiges Klarträumen Folgeschäden nach sich ziehen könnte. Es gibt sogar Menschen, die von Natur aus klarträumen. Sie kennen es gar nicht anders.

Trotzdem ist es nicht ausgeschlossen, dass man auch negative Erfahrungen machen kann. So sind Albträume in luziden Träumen nicht gänzlich ausgeschlossen. Es ist jederzeit möglich, dass wir die Kontrolle über den Traum verlieren und mit negativen Trauminhalten konfrontiert werden. Gerade Anfänger wissen noch nicht so recht, wie sie das Traumgeschehen gänzlich steuern können. So kann es passieren, dass man zwar luzid ist, doch den Traum nicht nach seinen Wünschen kontrollieren kann. Dadurch, dass sich luzide Träume viel echter anfühlen, können manche Menschen negative Traumerlebnisse dann als sehr belastend empfinden. Gerade wenn wir zum Beispiel davon träumen, verletzt oder gar getötet zu werden. Wir können dabei natürlich nicht wirklich sterben, doch die Gefühle, die wir empfinden, sind real und können bei vorbelasteten Menschen unter Umständen negative Auswirkungen haben. Jeder Mensch geht anders mit solchen Erlebnissen um. Ich kann aus eigener Erfahrung sagen, dass sich bei mir die schweren Gefühle eines negativen Traumes sofort in Luft auflösen, wenn ich aufwache. Doch gerade bei Menschen, denen auch normale Albträume sehr nahegehen, kann es belastend wirken. Wer aber die richtigen Techniken kennt, kann sich schnell und einfach vor negativen Erlebnissen schützen. In Kapitel 3 werde ich dir eine effektive Schutztechnik vorstellen und dir auch Stabilisierungstechniken zeigen, die dir die Kontrolle im Traum wieder zurückgeben.

So kannst du sofort aus dem Traum aufwachen

Einige Menschen berichten davon, dass sie in Panik verfallen, wenn sie im Traum nicht aufwachen können. Besonders, wenn sie sich gerade in einer unangenehmen Situation befinden, aus der sie entfliehen möchten. Im Notfall können wir den Traum sicher beenden, wenn wir unseren Blick auf ein Objekt fixieren. Dies stoppt die Augenbewegungen und signalisiert dem Körper das Ende des REM-Schlafs. Der Traum löst sich dann innerhalb von wenigen Sekunden von selbst auf. Um dies noch zu beschleunigen, ist es hilfreich, an seinen Körper zu denken.

Einige Klarträumer berichten auch von Horrortrips, die in Form einer Schlafparalyse, bei der der Körper in eine Art Starre verfällt, erlebt werden. Meist betrifft dies Menschen, die das Phänomen nicht kennen und nicht wissen, wie sie richtig damit umgehen können. Im Buchanhang kannst du dich genauer über die Schlafparalyse informieren, damit sie ihren eigentlichen Schrecken verliert.

Im Grunde gilt, dass luzide Träume nicht gefährlicher sind als normale Träume auch. Klar können wir auch hier auf negative Erlebnisse stoßen, doch diese können wir im luziden Traum kinderleicht auflösen, wenn wir die richtigen Techniken kennen.

Können wir luzides Träumen so schön finden, dass wir die Lust auf unser Wachleben verlieren? Ganz im Gegenteil, die meisten Klarträumer schätzen ihr Wachleben nur umso mehr und wollen Klarträume sogar gezielt dafür einsetzen, um sich persönlich weiterzuentwickeln. Viele Klarträumer berichten davon, dass sie eine höhere Lebensqualität entwickelt haben. Die Menschen, die allerdings vor der Realität flüchten wollen, sollten etwas vorsichtig sein. Ähnlich wie Videospiele oder Alkohol können auch luzide Träume einen Unterschlupf vor realen Problemen bieten. Bei gesunden Menschen konnte für luzide Träume aber kein Suchtpotenzial erkannt werden.

Auch bei gewissen Klartraumtechniken solltest du Vorsicht walten lassen. Im Grunde sind alle ungefährlich, solange sie nicht unverhältnismäßig eingesetzt werden. Manche Techniken sind zwar besonders effektiv, stören aber absichtlich deinen Schlafrhythmus ein wenig, um luzide Träume zu provozieren. Dies ist bei gelegentlicher Anwendung weitgehend ungefährlich. Trotzdem kommt hier der Appell an alle Übermotivierten: Wer auf Zwang mit Klartraumtechniken übertreibt und die Signale seines Körpers ignoriert, kann seinen Schlafrhythmus durcheinanderbringen, was Müdigkeit oder Einschlafstörungen zur Folge haben kann. Achte deshalb immer darauf, dass du dich ausgeschlafen fühlst und dich die Techniken auf Dauer nicht belasten. In den einzelnen Kapiteln werde ich noch mal genauer darauf hinweisen, wenn es etwas zu beachten gibt. So kannst du dir immer sicher sein, dass du bestens vorbereitet und informiert bist.

2
LUZIDES TRÄUMEN VORBEREITEN

Lass uns nun mit dem Klartraumtraining beginnen. Ich begleite dich Schritt für Schritt und führe dich durch die größten Hindernisse. Die ersten Probleme, auf die wir beim Klartraumtraining stoßen und die es zu überwinden gilt, sind Vergesslichkeit und Nachlässigkeit. Deshalb möchte ich dich in dieser Etappe zunächst fürs Klarträumen vorbereiten. Dies ist der wichtigste Schritt deines Klartraumtrainings, da es die absolute Grundlage bildet, auf dem deine späteren Erfolge aufbauen. Viele Klarträumer scheitern, weil sie diesen Schritt nicht ernst genug nehmen. Schenke deshalb den folgenden Seiten besondere Aufmerksamkeit.

Der Schwerpunkt dieses Kapitels liegt darauf, dass wir unseren mentalen Fokus aufs Klarträumen richten und dadurch unsere Traumerinnerung fördern. Denn was bringt uns ein Klartraum, wenn wir ihn nach dem Aufwachen wieder vergessen haben? Mehr Erinnerungen bedeuten mehr Träume und die wiederum bedeuten mehr Klarträume. Du musst dich nicht damit abfinden, dass du dich nur an eine Handvoll Träume erinnern kannst. Jeder Mensch durchläuft jede Nacht alle 90 Minuten eine REM-Schlafphase. Das bedeutet, dass wir täglich fünf bis sechs Mal intensiv träumen. Also wenn du bisher der Meinung warst, dass du nicht (mehr) träumen kannst, irrst du dich. Du hast lediglich die komplette Handlung direkt nach dem Aufwachen vergessen. Unsere Traumerinnerungen werden beim Aufwachen automatisch gelöscht, wenn wir ihnen keine besondere Beachtung schenken. So haben wir über Jahre unseren Verstand dazu konditioniert, unsere Träume zu vergessen. Eine gute Traumerinnerung kann jedoch mit ein wenig Training schnell zurückerlangt werden. Du wirst sehen, in den nächsten Nächten wirst du wesentlich öfter, länger und intensiver träumen. Die Fortschritte kommen nämlich sehr schnell, wenn du die Übungen richtig und gewissenhaft ausführst. Es ist leider nicht ausreichend, nur die Theorie zu kennen. Ohne die praktische Umsetzung der Techniken, Ratschläge und Anleitungen wird sich kein lang anhaltender Erfolg verzeichnen. Es kann zwar vorkommen, dass du bereits nach wenigen Tagen – oder vielleicht sogar in der heutigen Nacht – in den Genuss kommst, einen luziden Traum zu erleben, jedoch handelt es sich dabei meist um Anfängerglück, ausgelöst durch das hohe Motivationslevel. Es ist noch kein Meister vom Himmel gefallen. Deshalb solltest du auch ein klein wenig Geduld und Durchhaltevermögen mitbringen, wenn die Erfolge sich nicht sofort einstellen.

Durchschnittlich dauert es nur wenige Wochen, bis sich der erste Klartraum zeigt. Freue dich jetzt schon auf dieses besondere Erlebnis. An diesen Traum wirst du dich sicherlich ein Leben lang erinnern.

Beschäftige dich mit deinen Träumen

Wenn wir unsere Traumerinnerung fördern wollen, gilt ein ganz simples und logisches Prinzip: Wir müssen unseren Träumen wieder mehr Beachtung schenken! Vernachlässigen wir sie, vergessen wir sie. Schätzen wir sie, erinnern wir uns an sie. Doch allein der Gedanke an diesen Vorsatz ist nicht ausreichend. Wir müssen eine tiefgreifende Gewohnheit in uns installieren. Stell dir einfach vor, dass unser Hirnbereich für die Traumerinnerung über die Jahre hinweg völlig verkümmert ist. Wir können die Fähigkeit jedoch wiedererlangen, indem wir sie nach und nach wie einen Muskel trainieren und aufbauen.

Dies gelingt uns, wenn wir unseren Träumen wieder mehr Raum in unserem Leben geben. Wir setzen in unserem Gehirnareal erst den erforderlichen Wachstumsreiz, wenn wir uns intensiv mit unseren Träumen beschäftigen. Das kann auf verschiedene Weisen geschehen. Wir könnten mit unseren Mitmenschen mehr über unsere Träume sprechen, uns vor dem Schlafengehen bereits auf die nächsten Träume freuen oder uns morgens die Zeit nehmen, unsere Träume Revue passieren zu lassen. Die effektivste Waffe gegen die verkümmerte Traumerinnerung ist das Traumtagebuch. Jeder Klarträumer sollte eines auf seinem Nachttisch liegen haben. Und du auch! Besorge dir deshalb unbedingt ein kleines Notizbuch, in dem du künftig deine nächtlichen Abenteuer festhältst. Je schöner du dein Traumtagebuch gestaltest, umso größer sind die Erfolge, die du damit haben wirst. Denn hier gilt weiterhin der Grundsatz: Je mehr Beachtung du deinen Träumen schenkst, desto besser wird deine Traumerinnerung. Gebe dem Buch also einen schönen Einband, benutze einen besonderen

Kugelschreiber oder verziere es gerne mit bunten Farben. Wie du das Buch gestalten möchtest, ist ganz dir überlassen.

Durch das Protokollieren deiner Träume lenkst du enorm viel Fokus auf deine Erinnerung und baust sie auf diese Weise effektiv auf. Je intensiver und aufwendiger du das Traumtagebuch führst, desto größer sind schließlich die Erfolge. Gib deinen Einträgen eine Überschrift, versehe sie mit Datum, Uhrzeit und der gefühlten Dauer des Traumes. Bewerte das Traumgeschehen mit Punkten oder Smileys. Die Erfahrung mit unseren Kursteilnehmern hat gezeigt, dass nicht alle gleich große Euphorie beim Gedanken an ein Traumtagebuch verspüren. Es gibt auch Alternativen, die aber meist nicht ganz so effektiv sind. Doch jede Alternative ist besser, als vor Überforderung gänzlich auf das Erinnerungstraining zu verzichten. Entscheide selbst, welche der folgenden Techniken dir zusagt und welche du auf Dauer nutzen kannst. Je aufwendiger die Techniken sind und je mehr du sie miteinander kombinierst, desto größer ist der Effekt. Du kannst zunächst mit den einfacheren starten und dich nach und nach steigern. Je höher die Stufe, desto größer ist der Effekt.

Stufe 1: Denke über deine Träume nach

Versuche dich direkt nach dem Aufwachen an die Träume aus der Nacht zu erinnern. Checke nicht zuerst deine Nachrichten am Smartphone, denke auch nicht als Erstes an all die To-Dos des Tages, versuche nicht mal, dich groß zu bewegen. Bleibe still liegen und nutze den Moment, um in den Tiefen des Vorbewussten nach Traumfragmenten zu suchen. Versuche die Erinnerungsfetzen grob zusammenzusetzen. Erlebe den Traum dann in Gedanken noch mal nach. Wichtig ist, dass du dir bewusst die Zeit dafür nimmst. Versuche dich für den Traum zu interessieren und jedes noch so kleine Detail auszugraben. Hilfreich ist hierfür auch eine geeignete Morgen- und Abendroutine (siehe nächstes Unterkapitel).

Stufe 2: Sprich über deine Träume

Wenn du anderen Personen von deinen Träumen erzählst, gibst du diesen einen besonderen Stellenwert. Und du weißt ja: Je mehr Beachtung, desto größer die Erinnerung. So kannst du zudem deine Träume öfter in Gedanken durchleben. Manchmal ist es uns unangenehm, über private Träume zu sprechen, oder wir glauben, dass es unsere Mitmenschen nicht interessiert. Doch gerade das Gegenteil ist der Fall. Menschen lieben es, von den nächtlichen Abenteuern anderer zu hören. Vor allem, wenn sie völlig bizarr sind. Außerdem musst du ihnen nicht die Dinge erzählen, die dir unangenehm sind. Die kannst du als dein Geheimnis bewahren.

Noch hilfreicher ist es, wenn du dir einen Traumpartner suchst, mit dem du gemeinsam das Klarträumen lernen kannst. So könnt ihr euch täglich gegenseitig von euren Träumen erzählen.

Tipp: Das geht auch wunderbar online per Text- oder Sprachnachrichten. In unserem Forum kannst du dich mit anderen austauschen und dort einen Traumpartner finden.

Stufe 3: Analysiere deine Träume

Mache dir intensive Gedanken darüber, was der Traum bedeuten könnte oder was er dir versucht zu sagen. Das unterstützt dich dabei, deinen Träumen noch mehr Beachtung zu schenken und ihnen einen besonderen Stellenwert zu geben. Wenn uns klar ist, dass unsere Träume wichtige Botschaften unseres Unterbewusstseins enthalten, die nützlich für unser Leben sein können, dann erlebt das Traumgedächtnis einen enormen Wachstumsschub. Abends vor dem Einschlafen ist ein optimaler Zeitpunkt, um dich noch mal an deine morgendlichen Träume zu erinnern und darüber nachzudenken, was sie für dich bedeuten könnten. Mache dir Notizen dazu, wie du den Traum erlebt hast. Vergebe Punkte zur Wahrnehmung (z. B. Stabilität, Erinnerung, Detaildichte oder Dauer) und vergleiche diese mit deinen anderen Träumen. Falls es ein Klartraum gewesen sein sollte, kannst du auch beurteilen, wie stark die Klarheit war.

Stufe 4: Notiere deine Träume

Nutze den Moment nach dem Aufwachen, um die Erinnerung sofort schriftlich festzuhalten. Es ist bereits sehr effektiv, wenn du stichpunktartige Notizen machst. Nutze dazu entweder direkt dein Traumtagebuch oder einen Notizblock. Dies sollte jede Nacht unbedingt griffbereit liegen. Sobald du aufgestanden bist, kann es sein, dass du den Traum bereits vergessen hast. Protokolliere deshalb alles, was mit dem Traum zu tun hat. Gerne auch, wie lang er sich für dich angefühlt hat, wie deine Stimmung war oder wie intensiv du ihn wahrgenommen hast. Du kannst auch Skizzen malen oder etwas Besonderes anders zum Ausdruck bringen. Wenn du die Effektivität des Trainings erhöhen möchtest, dann mache dir auch nachts Notizen, wenn du aus dem Traum aufwachst. Warte nicht erst auf das Morgengrauen. Je länger wir die Erinnerung aufschieben, desto mehr Informationen gehen verloren. Gerade nachts sind die Widerstände gegenüber dem Aufschreiben sehr groß, doch wer hier diszipliniert vorgeht, wird schon bald mit einer besonders starken Traumerinnerung belohnt. Außerdem schläfst du dann wieder mit einem schärferen Bewusstsein ein, was die Chancen auf luzide Träume automatisch erhöht. Schreibe deshalb auch die Dinge auf, die dir unwichtig erscheinen. Somit fördern wir die Erinnerung an die Stellen, die für uns noch im Trüben liegen.

Nicht jeder Mensch liebt es, ein handschriftliches Traumtagebuch zu führen. Abhilfe kann unser Smartphone schaffen. Mit Notiz-Apps wie Evernote oder OneNote kannst du Sprachmemos aufzeichnen oder direkt schriftliche Notizen eintippen. Es gibt auch diverse Klartraum-Apps, die eine digitale Traumtagebuchfunktion besitzen. Ich persönlich kann die Arbeit mit dem Smartphone nicht empfehlen, da es mich eher vom Wesentlichen ablenkt und meine Schlafqualität mindert. Jeder Mensch muss das aber für sich beurteilen. Auch hier gilt: Besser auf diese Weise, als gänzlich auf ein Traumtagebuch zu verzichten.

Stufe 5: Schreibe deine Träume ausführlich auf

Wer den größten Effekt erzielen möchte, der formuliert seine Erlebnisse im Traumtagebuch als kurzen Aufsatz aus. Gerade unsere Handschrift hat hier fast schon einen magischen Effekt. In der digitalen Zeit wird sie leider viel zu selten genutzt. Es reicht oft nur noch dafür, eine Glückwunschkarte zu beschriften. Der

Schreibvorgang aber signalisiert unserem Gehirn besondere Wichtigkeit. Und du weißt ja: mehr Beachtung, mehr Traumerinnerung. Führen wir unser Traumtagebuch also handschriftlich und ausführlich, ist das das effektivste Mittel für eine gute Traumerinnerung. Ich weiß, gerade am Anfang kann dieses Schreiben sehr mühsam sein. Doch es zahlt sich aus. Ich habe das Traumtagebuch-Schreiben früher gehasst. Mittlerweile liebe ich es. Vor allem, wenn man sich nach ein paar Wochen daran gewöhnt hat, will man es nicht mehr missen.

Solltest du dich vielleicht noch nicht für diesen Schritt bereit fühlen, kann es auch eine effektive Alternative sein, deine Träume am Computer auszuformulieren. Nehme dir die Notizen, die du dir nach dem Aufwachen gemacht hast, als Hilfe und beginne die Traumstory mit allen Details zu verschriftlichen. Der Vorteil ist, dass die meisten schneller tippen als schreiben können. Doch die Zeitersparnis ist nicht unbedingt als Vorteil zu sehen, denn weniger Zeit bedeutet weniger Beachtung und das wiederum bedeutet weniger Traumerinnerung.

Stufe 6: Lese dir deine Träume regelmäßig durch

Die regelmäßige Beschäftigung mit deinen Träumen ist enorm förderlich für deine Erinnerungsfähigkeit. Ich nehme mir häufig mein Traumtagebuch als Abendlektüre zur Hand und lese mir mehrere Träume hintereinander durch. Es ist faszinierend, was einem dabei auffallen kann. Oft träumen wir von den gleichen Dingen und manchmal macht es den Anschein, dass bestimmte Träume zusammenhängen. So kann man viel mehr über sich selbst erfahren und seine Träume noch besser deuten. Außerdem hilft es dabei, Traumzeichen zu erkennen (siehe nächstes Unterkapitel). Für diese ist ein sauber geführtes Traumtagebuch die absolute Grundlage. Zudem macht es eher weniger Spaß, sich Wochen später durch unstrukturierte Stichpunkte oder Sprachmemos zu wühlen. Ein ordentliches Tagebuch hingegen ist zeitlos und – vor allem nach einigen Jahren – Gold wert.

Wichtig: Überfordere dich nicht mit diesen Techniken und setze dich nicht unter Druck. Hast du eine Phase, in der du mehr Gas geben möchtest, zum Beispiel in der Anfangszeit, kannst du dich verstärkt auf die anspruchsvolleren Stufen konzentrieren. Wenn du merkst, dass deine Motivation fällt, kannst du bewusst ein bis zwei Stufen weglassen. Dadurch senkst du zwar die Effektivität, hältst aber deine Trainingserfolge aufrecht. Wenn der nächste Motivationsschub kommt, kannst du die Intensität wieder erhöhen. Das soll dir dabei helfen, am Ball zu bleiben, denn der Trainingseffekt tritt nur ein, wenn du kontinuierlich an deiner Traumerinnerung arbeitest. Es ist wie im Marathonlauf: Diesen gewinnt man nicht im Sprint, sondern durch den optimalen Einsatz seiner Ausdauer.

Als Anfänger kannst du einfach mal alle Stufen durchprobieren und für dich herausfinden, was am besten funktioniert. Manchmal ist es hilfreich, auch vom Schriftlichen zum Digitalen zu gehen, um Abwechslung zu schaffen. Eine lange Zeit habe ich mit Sprachmemos und dem nachträglichen Ausformulieren am PC gearbeitet. Doch heute nutze ich lieber das handschriftliche Traumtagebuch.

Morgen- und Abendroutine

Die Macht der Gewohnheit kann uns dabei helfen, ein solides Fundament zu errichten, um die vorher genannten Techniken mühelos und fast automatisch in unseren Tagesablauf zu integrieren. Eine Morgen- und Abendroutine hilft dir nicht nur dabei, deinen Träumen mehr Beachtung zu schenken, sondern verbessert indirekt deine Schlafqualität und reduziert gleichzeitig Stress im Alltag. Das sind viele wichtige Vorteile auf einmal, die uns beim Training stark voranbringen.

Über Stress solltest du wissen, dass er dir den Fokus aufs Klartraumtraining rauben kann und ein echter Killer für dein Traumgedächtnis ist. Es sollte ohnehin ein wichtiger Anreiz für dich sein, gut mit Stress in deinem Leben umgehen zu können. Manchmal haben wir jedoch Lebensphasen, in denen es sich nicht vermeiden lässt, dass wir unter starkem Druck stehen. Versuche das Klartraumtraining dann nicht zu erzwingen, aber auch nicht komplett zu vernachlässigen. Senke die Intensität der Trainingsstufen einfach etwas herab und versuche zumindest, deine groben Routinen aufrechtzuerhalten. In ruhigeren Lebensphasen kannst du wieder voll durchstarten.

Wie deine Morgenroutine aussehen soll, ist ganz dir überlassen. Binde einfach die Trainingselemente, die du nutzen möchtest, in deinen Morgen ein. Der erste Gedanke des Tages sollte unbedingt deinen Träumen versprochen sein. Die folgenden Beispiele dienen dir als Orientierung.

Direkt nach dem Aufwachen ist mein Handy für mich tabu. Sobald der Wecker läutet, bleibe ich zwei Minuten ganz still liegen und gehe in Gedanken meine Träume durch. Auch wenn ich mich nicht gleich an meine Träume erinnern kann, versuche ich es zumindest in dieser Zeit. Oft fallen mir erst nach einer Minute kleine Details ein, über die ich manchmal einen ganzen Traum nachbilden kann. Dann setze ich mich etwas aufrechter ins Bett und schreibe alles ganz genau auf. Ich überlege mir bei jedem Traum, was ich erlebt hätte, wenn ich luzid geworden wäre. Beim Frühstück denke ich über meine Träume nach und versuche sie zu interpretieren. Wenn ich dann im Auto sitze und zur Arbeit fahre, schicke ich meinem Traumpartner eine Sprachnachricht und erzähle ihm kurz von meinen Träumen.

Viele übersehen, dass auch eine Abendroutine viel zum Trainingserfolg beitragen kann. Beschäftige dich eine Zeit lang mit deinen Träumen, stöbere etwas in deinen Tagebucheinträgen oder lese etwas übers luzide Träumen. Wenn der letzte Gedanke, mit dem du dich ins Bett legst, deinen Träumen gewidmet ist, steigt die Wahrscheinlichkeit stark an, dass du dich besser an sie erinnern kannst. Vor allem, wenn du direkt vor dem Schlafen noch eine gezielte Intention oder Affirmation setzt. Du kannst vor dem Einschlafen beispielsweise diesen Satz so lange im Kopf aussprechen, bis du einschläfst: »Ich werde mich an meine Träume erinnern!« Richte das als einen Befehl an dein Unterbewusstsein und sei davon überzeugt, dass du dich in der Nacht oder am nächsten Morgen an deine Träume erinnern wirst. Sage dir dies auch, wenn du nachts aufwachst und wieder einschlafen möchtest. Dann ist es besonders effektiv. Dies ist bereits der Einsatz unserer ersten Klartraumtechnik, die sich MILD nennt

(Mnemonic Induction of Lucid Dreams). Merke sie dir, denn wir werden sie im Laufe des Klartraumtrainings noch auf verschiedene Weisen einsetzen. Deine Abendroutine könnte beispielsweise so aussehen:

Wenn es Zeit fürs Bett ist, beginnt meine Abendroutine mit dem Zähneputzen. Danach mache ich mich bettfertig und suche schon mal die Klamotten für den nächsten Tag heraus. Mein Smartphone lege ich im Flugmodus zur Seite. Bevor ich mich ins Bett lege, mache ich eine 3-Minuten-Meditation, das hilft mir dabei, das Gedankenkarussell zu stoppen. Wenn ich noch nicht sehr müde bin, lese ich im Dämmerlicht noch etwas in meinem Traumtagebuch. Dort suche ich nach möglichen Traumzeichen, von denen ich immer wieder träume. Oft mache ich mir Gedanken darüber, was mir meine Träume versuchen mitzuteilen. Wenn ich das Licht ausschalte, spreche ich die Affirmation so lange, bis ich einschlafe: »Ich erinnere mich an den nächsten Traum.« Das ist der letzte Gedanke, mit dem ich einschlafe.

Finde deine Traumzeichen

Um das volle Potenzial des Traumtagebuchs zu nutzen, bietet es sich zusätzlich an, eine Traumzeichenliste zu führen. Traumzeichen können Objekte, Orte, Erlebnisse, Menschen, Tiere oder kurz gesagt: alles Mögliche sein. Diese Traumzeichen treten sehr häufig in den Träumen auf und sind bei jedem unterschiedlich. Wenn du beispielsweise oft von Hunden träumst, kannst du sie mit auf deine Traumzeichenliste setzen. Die Liste kann dir zum einen dabei helfen, dich mehr an Träume zu erinnern. Zum anderen ist sie für eine spätere Klartraumtechnik wichtig. Für deine Traumzeichenliste kannst du eine besondere Seite in deinem Traumtagebuch nutzen, du kannst sie aber auch auf ein separates Blatt schreiben und schön verzieren. Wenn du dir die Traumzeichen nur im Kopf bewahren möchtest, geht das im Zweifelsfall natürlich auch. Führst du allerdings eine solche Liste, kannst du sie dir regelmäßig durchlesen und so deinen Fokus für diese Trauminhalte schärfen. Baue das zum Beispiel auch in deine Abendroutine mit ein.

Plane deine Klarträume

Bei Anfängern passiert es hin und wieder, dass sie rein zufällig einen Klartraum erleben – ganz ohne Klartraumtechniken. Das liegt an der intensiven Beschäftigung mit dem Thema. Wenn dir das auch passiert, solltest du bereits im Vorfeld wissen, was du im Klartraum als Erstes erleben möchtest. Bei den meisten sieht der erste Klartraum ungefähr so aus: »Yeah, ich träume … oh nein, ich wache wieder auf!« Die Euphorie ist zu groß und die Orientierung ist gleich null. Du weißt nicht, was du als Erstes tun sollst, weil du einfach überwältigt bist. Damit dir das nicht passiert und dein erster Klartraum zu einem unbeschreiblichen Erlebnis wird, solltest du dir im Vorfeld ein bestimmtes Ziel setzen. Mein erstes Ziel war es zu fliegen. Und genau das habe ich dann auch erlebt. Wenn du dir eine kleine Bucket-Liste schreibst mit den Dingen, die du der Reihe nach im Klartraum erleben willst, wird dir das nicht nur unheimlich viel Motivation schenken, sondern dich auch davor bewahren, frühzeitig aufzuwachen. Gerade als Anfänger sind unsere Klarträume noch sehr wackelig und jedes Zögern und jede Überlegung kann dazu führen, dass der Traum abbricht. Halte dir deshalb immer dein nächstes Ziel vor Augen und denke daran, wenn du deine Träume liest, sie aufschreibst oder über sie nachdenkst.

> **Wichtig:** Fokussiere dich immer nur auf eine Sache. Die anderen Ziele kannst du immer noch im Laufe des Traumes verfolgen, wenn du beim ersten erfolgreich warst. Es geht hier darum, dass du den Moment der Klarheit nutzt und sofort weißt, was zu tun ist. Denn je länger du im Traum überlegst, desto größer ist die Gefahr, dass du wieder aufwachst.

Meine erste Bucket-Liste sah so aus:

- Fliegen
- Das Schlaraffenland bereisen
- Die Welt von oben sehen
- Sex mit Amy Smart
- Mein höheres Selbst kennenlernen
- Ein Jetflugzeug steuern
- Motorrad fahren
- Mich in einen Delphin verwandeln
- In die Steinzeit reisen
- Das Wetter beeinflussen

Verbessere deinen Schlaf

Ein tiefer und erholsamer Schlaf ist die Grundlage für unsere Träume. Deshalb sollten wir als Klarträumer alles dafür geben, den besten Schlaf zu haben. Mit den folgenden einfachen Tipps kannst du ihn auf natürliche Weise verbessern und innerhalb weniger Tage deine Schlafqualität steigern.

Schlafroutine aufbauen

Den besten Tipp kennst du bereits: die Abendroutine. Doch dazu gehört es auch, regelmäßig zur gleichen Zeit ins Bett zu gehen. Nur so können sich die biochemischen Vorgänge im Körper an eine Schlafroutine gewöhnen. Der Körper wird dann in der Lage sein, auf seine innere Uhr zu hören und zu der richtigen Zeit die notwendigen Hormone auszuschütten, welche dafür sorgen, dass du leichter einschlafen kannst und tiefer und erholsamer schläfst.

Regelmäßig Sport treiben

Regelmäßiger Sport ist eine wahre Wunderwaffe. Bei einer Studie mit 2600 Versuchsteilnehmern verbesserte sich durch Sport der Schlaf um 65 %.[18] Nach einer sportlichen Aktivität müssen die beanspruchten Muskeln im Schlaf regenerieren. Dies wird dem Körper hormonell signalisiert, wodurch es leichter fällt einzuschlafen. Unmittelbar vor dem Schlafengehen kann Sport jedoch auch hinderlich sein. Denn der Körper braucht einen Moment, um von Leistung auf Entspannung umzuschalten.

Sorgen und Probleme können das Einschlafen erschweren. Jeder kennt das. Leider gibt es dafür keinen Ausschalter. Was sich jedoch als hilfreich erwiesen hat, sind (Kurz-)Meditationen. Kurz vor dem Einschlafen können wir so Abstand zu unseren Gedanken gewinnen und uns mental auf den Schlaf vorbereiten.

Auf Alkohol verzichten

Um deinen Schlaf weiter zu optimieren, solltest du einen kritischen Blick auf deinen Alkoholkonsum werfen. Es heißt zwar, dass ein gelegentliches Gläschen Wein, ein halbes Bier oder ein Verdauungsschnaps gut zum Einschlafen sein sollen, aber Studien beweisen das Gegenteil.[19] Bereits geringfügige Mengen mehr können sich negativ auf deinen Schlaf auswirken. Gerade für den wichtigen REM-Schlaf ist Alkohol ein Störfaktor. Das bedeutet nicht, dass du für immer darauf verzichten musst. Jedoch solltest du zumindest größere Mengen meiden und nicht jeden Tag Alkohol konsumieren.

Richtige Raumtemperatur

Die optimale Schlafzimmertemperatur beträgt ca. 18 Grad. Auch wenn jeder Mensch etwas andere Vorlieben hat, sollte folgende Regelung gelten: Halte dein Schlafzimmer immer etwas kühler als den Rest der Wohnung. Denn im Schlaf sinkt die Temperatur des Körpers, da der Herzschlag sich verlangsamt, der Blutdruck niedriger und der Stoffwechsel heruntergefahren wird. In einem kühlen Schlafzimmer hilft der geringe Temperaturunterschied dabei, den Körper leichter abzukühlen und ihm zu signalisieren, dass die Einschlafprozesse starten können.[20] Auch ein heißes Bad vor dem Schlafengehen führt zu diesem Effekt. Durch den starken Abfall der Temperatur des aufgeheizten Körpers wird außerdem vermehrt Melatonin ausgeschüttet, was sich positiv auf den Schlaf auswirkt.

Aufs Rauchen verzichten

Das in Zigaretten enthaltene Nervengift Nikotin hat nicht nur kurzfristige, sondern auch langfristige Auswirkungen auf deinen Schlaf.[21] Nikotin aktiviert den Sympathikus, einen Teil des vegetativen Nervensystems, welcher alle lebenswichtigen Funktionen im Körper, u. a. Atmung, Blutdruck, Verdauung und Stoffwechsel, steuert. Dadurch wird im Körper die Leistungsbereitschaft gesteigert, was zu einem Anstieg der Herzfrequenz und zu einer Verengung der Gefäße führt.

Langfristig gesehen kann Rauchen auch zu Schlafapnoe führen, was die Atmung und Erholung in bestimmten Schlafphasen erschweren kann.

Schlaffördernde Substanzen

Bestimmte Kräuter oder Nahrungsergänzungsmittel sind dafür bekannt, den Schlaf zu fördern und das Einschlafen zu erleichtern. Dazu zählen Baldrian, Hopfen, Johanniskraut, CBD, Vitamin B_6, Calea Zecatechichi, Silene Undulata und Capensis, Entdada Rheedii, Alepidea Amatymbica oder Synaptolepsis Kirkii. Sie alle können zwar funktionieren, sollten aber nicht regelmäßig verwendet werden. Wenn du deinen Schlaf durch externe Mittel täglich beeinflusst, tritt ein Gewöhnungseffekt ein und unter Umständen kannst du ohne sie schlechter schlafen. Nutze sie deshalb nur in Nächten, in welchen du sie wirklich brauchst.

Auf digitale Medien verzichten

Digitale Medien sind ein absoluter Schlafkiller. Gerade in der heutigen Zeit begleitet das Smartphone die meisten Menschen direkt ins Bett. Viele haben sogar einen Fernseher im Schlafzimmer stehen, der noch bis tief in die Nacht läuft. Allein das Licht des Bildschirms kann sich jedoch negativ auf unseren Melatoninspiegel auswirken und das Einschlafen erschweren.[22] Und auch die Inhalte, die konsumiert werden, können uns negativ beeinflussen. Social Media, Werbung und reizüberflutende Beiträge haben im Bett nichts verloren, wenn du deine Schlafqualität fördern willst.

Ernähre dich gesund

Eine gesunde Ernährung und ausreichende Flüssigkeitszufuhr wirken sich direkt auf unseren Schlaf aus, das haben unzählige Studien erwiesen. Achte deshalb auf eine ausgewogene und gesunde Ernährung. Passe auch auf, dass du nicht mit vollem Magen schlafen gehst oder am Abend zu salzig isst.

Denke positiv

Studien ergaben, dass glückliche und dankbare Menschen viel schneller einschlafen.[23] Der Grund hierfür liegt an dem entspannten Bewusstsein. Erinnere dich vor dem Schlafengehen an glückliche Momente. Dazu kannst du Bilder und Fotos von früher anschauen oder eine liebe Person anrufen, mit der du über schöne Erlebnisse sprichst. Versuche es auch mit Dankbarkeitsübungen. Diese kannst du ganz einfach in deine Abendroutine integrieren.

Achte auf deinen Atem

Schäfchen zählen ist schon längst überholt und ich glaube, so wirklich erfolgreich war damit niemand. Erfolg versprechender sind hingegen Atemtechniken. Mit rhythmischem Atmen kann man den Einschlafprozess gezielt beschleunigen.[24] Achte darauf, dass du ruhig, langsam und entspannt atmest. Finde den Atemrhythmus, der zu dir passt und mit dem du dich wohlfühlst. Wichtig dabei ist, dass du gleichmäßig ein- und ausatmest. Beim Ausatmen kannst du, wenn du möchtest, eine Affirmation aussprechen, die deine Traumerinnerung fördert.

Auf Schlafhygiene achten

Als letzten Tipp möchte ich dir mitgeben, dass die Schlafhygiene eine große Rolle spielt. Es schläft sich einfach viel besser, wenn man geduscht ins Bett geht und die Bettwäsche regelmäßig wechselt. Auch ein gut gelüfteter Raum unterstützt einen erholsamen Schlaf.

Bevor es weitergeht

Die ersten theoretischen Grundlagen sind nun geschafft. Auf den nächsten Seiten findest du die weiteren Schritte, die dir dabei helfen, luzide Träume auszulösen. Bevor du weiterliest und mit den Techniken beginnst, achte darauf, dass du erst die Praxistipps aus diesem Kapitel umgesetzt hast. Diese sollen sich erst mal ein wenig verfestigen. Es würde deine Trainingsfortschritte bremsen, wenn du deine ganze Aufmerksamkeit direkt auf die neuen Techniken lenken würdest.

Lese also gerne schon ins nächste Kapitel rein, beginne aber erst mit neuen Techniken, wenn du die folgende Checkliste gewissenhaft abhaken kannst.

CHECKLISTE

- ☑ Ich habe dieses Kapitel gründlich gelesen.
- ☐ Ich kann mich täglich an mindestens einen Traum erinnern.
- ☐ Ich nutze Techniken, um meine Traumerinnerung zu verbessern.
- ☐ Ich habe mir eine Morgen- und Abendroutine aufgebaut.
- ☐ Ich führe eine Traumzeichenliste.
- ☐ Ich habe eine Bucket-Liste fürs Klarträumen erstellt.
- ☐ Ich habe einen gesunden und erholsamen Schlaf.

Wenn du alle Kästchen abhaken kannst, dann hast du die erste Ebene gemeistert. Glückwunsch! Du hast dir nun den folgenden Titel verdient:

Klartraum-Newcomer

3
LUZIDES TRÄUMEN AUSLÖSEN

Nun geht es ans Eingemachte: Endlich wirst du die richtigen Techniken kennenlernen, um luzide Träume selbst auszulösen. Du bist jetzt optimal vorbereitet und kannst vermutlich kaum erwarten, dass es losgeht. Inzwischen kannst du dich zwar an mehr Träume erinnern, aber wahrscheinlich klappt es mit der Luzidität noch nicht so richtig. Ich möchte dich in die Methoden einweihen, wie du die Illusion des Traumes erkennen und auflösen kannst. Erinnere dich daran, was die Wissenschaft uns übers luzide Träumen verraten hat: Unser Gehirnareal, das fürs logische Denken und kritische Hinterfragen zuständig ist, ist in Trübträumen deaktiviert. Manchmal kann im Traum die Welt auf dem Kopf stehen und alles total unlogisch sein. Aber trotzdem sind wir felsenfest davon überzeugt, dass alles real sei. Unsere Aufgabe ist es, eine Brücke zwischen der Traumwelt und der Wirklichkeit zu schlagen. Wir müssen unser Bewusstsein sensibilisieren, damit wir auf Anhieb den Traum erkennen können. Das ist unser Ticket zum Klartraum.

Schärfe dein Bewusstsein

Meditation und Klartraum stehen näher in Verbindung, als es den Anschein erweckt. Das besagt nicht nur die Lehre des Traumyoga (eine der Ursprünge des Klarträumens), sondern auch die Wissenschaft. Eine Studie fand heraus, dass Menschen, die meditieren, wesentlich größere Chancen auf Klarträume haben.[25] Ähnlich wie in unseren Träumen werden wir auch im Alltag von unserem Unterbewusstsein gesteuert. Dass wir die volle Kontrolle über unser Leben haben, bilden wir uns nur ein. Vieles, was wir erleben, geschieht auf Basis unserer Konditionierungen und somit auf Autopilot. Ziel der Meditation ist es, diese unbewussten Prozesse zu erkennen und mit erwachtem Bewusstsein wieder die wahre Kontrolle über unser Leben zurückzugewinnen. Das ist eine interessante Analogie zum Klarträumen. Auch hier wollen wir aus dem – vom Unterbewusstsein gesteuerten – Trübtraum in einen bewussteren Zustand wechseln.

Mehr Bewusstsein im Alltag bedeutet gleichzeitig mehr Bewusstheit im Traum. Das liegt daran, dass wir Gewohnheiten aus dem Alltag auch mit in die Traumwelt nehmen. Wenn wir also eine bewusste Haltung im Wachleben kultivieren, überträgt sich das auch früher oder später auf unsere Träume. Diese Bewusstheit sieht so aus, dass wir kritisch hinterfragen, in welchem Bewusstseinszustand wir uns gerade befinden: Träumst du oder bist du wach? Was gibt dir jetzt die Gewissheit, dass du gerade nicht im Bett liegst und schläfst? Hast du einen Beweis dafür?

Selbst wenn wir uns das im Traum fragen, kann es trotzdem sein, dass wir weiterhin an der Illusion des Traumes festhalten. Meditation ist ein mächtiges Werkzeug, um unsere Bewusstheit zu schärfen und solche Illusionen sofort zu durchschauen. Genau das kann uns auch für unsere Träume nützlich sein. Das heißt nicht, dass du erst ein Meister im Meditieren werden musst, bevor du Klarträume erleben kannst. Auch wenn du mit Meditation bisher noch nichts am Hut hattest, gibt es ein paar geniale Kniffe, die du einfach anwenden kannst.

Im Großen und Ganzen geht es darum, dass du durch eine bewusste Haltung im Laufe der Zeit eine kritische Sichtweise auf die Welt entwickelst. Es ist wichtig, dass du lernst, sofort zwischen Traum und Wachsein unterscheiden zu können. Durch sogenannte *Reality Checks* (RC), die wie kleine Mini-Meditationen wirken, können wir schlagartig unseren Bewusstseinszustand erkennen und den Traum als solchen identifizieren. Wenn wir genau hinsehen, unterscheiden sich Traum- und Wachzustand in gewissen Dingen. Hinterfragen wir im Traum unseren Bewusstseinszustand, sollten wir dabei einen solchen RC machen. Dabei halten wir ganz bewusst Ausschau nach Hinweisen, die auf einen Traum hindeuten. Wir können beispielsweise in die Luft springen und genau beobachten, wie schnell wir wieder am Boden landen. Im Traum ist es sehr wahrscheinlich, dass wir einen Moment in der Luft schweben. So wird uns augenblicklich klar, dass es sich um einen Traum handelt, und wir werden automatisch luzid und voll bewusst. Baue diese Reality Checks also gezielt in deinen Alltag ein, um stets deinen Bewusstseinszustand infrage zu stellen. Sobald sie zur Gewohnheit werden, wirst du sie irgendwann auch in deinen Träumen machen und so Bewusstheit erlangen. Keine Sorge, das heißt jetzt nicht, dass dein Leben künftig daraus besteht, in die Lüfte zu hüpfen. Es gibt viele Reality Checks, die blitzschnell und unkompliziert anzuwenden sind.

Die Top 10 der Reality Checks

In den letzten Jahren ist die Klartraum-Community sehr stark gewachsen. Immer mehr kreative Köpfe haben sich unterschiedlichste RCs einfallen lassen, durch die sich zuverlässig der Bewusstseinszustand überprüfen lässt. Sicherlich gibt es mittlerweile Hunderte davon, die du zum Glück nicht alle kennen musst. Die Erfahrung zeigt, dass sich Klarträumer ohnehin auf maximal zwei bis drei Reality Checks fokussieren. Die meisten haben ihre persönlichen Favoriten und führen immer die gleichen aus.

Doch welcher ist der richtige RC für dich? Die folgende Liste ist aus unserer Umfrage mit Hunderten Klarträumern entstanden und nach Beliebtheit sortiert. Alle diese RCs können sehr wirkungsvoll sein. Es lässt sich aber nicht pauschal sagen, welcher der beste ist, weil jeder Mensch sie unterschiedlich wahrnimmt und jeder Test seine Vor- und Nachteile hat. Deshalb empfehle ich dir, zumindest diese zehn Reality Checks zu kennen und mit ihnen zu üben. Es wird sich mit der Zeit herausstellen, welcher am besten von deinem Unterbewusstsein akzeptiert wird und welcher so auch in deinen Träumen am häufigsten auftritt.

#1 Der Hand-RC:
Zähle deine Finger

Verblüfft schaute ich mir den Himmel an. Er leuchtete in allen Farben. Ich sah unsere Planeten, umherfliegende Kometen und viele funkelnde Sternschnuppen. Wie konnte das denn möglich sein? Ich formte meine Hände zu einem Teleskop und konnte damit weit in die Ferne blicken. Doch irgendetwas war mir suspekt. Etwas verwirrt sah ich mir meine Hände genauer an. Es war fast schon etwas gruselig, denn meine Hände hatten eine ganz seltsame Form. Zudem hatte ich nur vier Finger. War ich etwa ein Alien? Fast hätte ich es geglaubt, doch endlich erkannte ich, dass ich träumte. Sofort flog ich in die Lüfte, um unsere Planeten aus der Nähe anzusehen.

In unseren Träumen nehmen wir unsere Hände anders wahr. Vor allem beim Zählen unserer Finger wird uns oft bewusst, dass wir träumen. Entweder fehlen uns Finger oder wir haben viel mehr als sonst. Manchmal sogar so viele, dass wir gar nicht mehr aufhören können, sie zu zählen. Übe diesen RC am besten, wenn du im Wachzustand gerade etwas erlebt hast, das dir fast schon traumartig erscheint.

#2 Der Nasen-RC:
Atme durch deine geschlossene Nase

Ich musste so dringend auf die Toilette und fühlte mich schon ziemlich gestresst. Gerade jetzt, da ich auf einer Familienfeier war und sich alle Augen auf mich richteten. Ganz verschämt suchte ich mir eine Ecke im Raum aus und nahm es in Kauf, dass alle von mir angewidert waren. Was blieb mir anderes übrig? Doch noch bevor ich es laufen ließ, hielt ich meine Nase zu und versuchte einzuatmen. Verrückt, denn ich konnte mit geschlossener Nase atmen. Sofort erkannte ich, dass es ein Traum war. Die Toilette konnte nun noch etwas warten. Erst flog ich aus dem Haus und sah mir die Stadt von oben an.

Dieser Test klappt, weil man sich im Traum nicht wirklich die Nase zuhält und deshalb das Atmen weiterhin funktioniert. Der große Vorteil hier ist, dass man ihn blitzschnell durchführen kann: Halte dir einfach deine Nase zu und versuche tief ein- oder auszuatmen. Doch Achtung, dieser Test ist nicht immer ganz zuverlässig, vor allem, wenn man gerade Schnupfen hat oder dazu neigt, im Schlaf eine verstopfte Nase zu haben. Deshalb lohnt es sich, einen zweiten RC im Anschluss durchzuführen, wenn das Resultat nicht ganz eindeutig war. Lasse es dir in wachem Zustand zur Gewohnheit werden, diesen Test immer vor bestimmten Handlungen durchzuführen. Beispielsweise bei jedem Toilettengang, vor dem Essen oder wenn du einen neuen Raum betrittst.

#3 Der Blick-RC:
Schaue mehrmals hin

Völlig konzentriert fuhr ich steile Klippen entlang. Ich hatte einen wundervollen Ausblick auf das Meer, doch das Auto schien irgendwie kaputt zu sein. Die Bremse oder die Kupplung funktionierte nicht richtig. Ich weiß nicht mehr, wie lange ich schon unterwegs war, geschweige denn, wohin es überhaupt ging. Völlig verwirrt, wollte ich einen Reality Check machen. Doch meine beiden Hände waren fest ans Lenkrad gefesselt und ich musste meinen Fokus auf der Straße halten. Ich warf einen kurzen Blick auf das Armaturenbrett und las die Uhrzeit ab. Was? 34:12 Uhr? Während ich weiter auf die Straße schaute, nutzte ich einen günstigen Moment für einen zweiten Blick. 06:74 Uhr. Nun war mir klar, dass es ein Traum sein

muss. Ich drückte einen großen blauen Knopf und verwandelte das Auto in ein U-Boot. Voller Vorfreude stürzte ich mich die Klippen hinunter und startete meine private Tauchexpedition.

Das Lesen ist im Traum nicht so einfach wie im Wachzustand. Texte lassen sich nur schwer oder auch gar nicht entziffern. Selbst wenn es dir gelingt, verändern sich die Buchstaben oder Zahlen, wenn du einen zweiten Blick darauf wirfst. Du kannst auch kurz deine Augen schließen und dann erneut hinblicken. Dieser Reality Check bietet sich im Wachzustand vor allem dann an, wenn du gerade sehr beschäftigt bist und nur Zeit für einen kurzen Check hast. Mit dem doppelten Blick lassen sich nicht nur Texte und Uhrzeiten überprüfen, sondern auch Schilder, Gegenstände oder sogar Gesichter.

#4 Der Frage-RC:
Beobachte die Situation kritisch

Endlich war es so weit: Ich feierte meinen 18. Geburtstag. Wir befanden uns auf einer Hütte, da draußen seit Tagen ein schwerer Schneesturm tobte. Meine Gäste waren jedoch keine Menschen, sondern Tiere. Trotzdem erkannte ich die Charaktere meiner Freunde in ihnen. Im Laufe des Traumes wechselte mehrmals die Umgebung. Es war plötzlich auch nicht mehr mein Geburtstag, sondern der eines Freundes. Wie konnte das sein? Außerdem war ich jetzt garantiert keine 18 mehr. Ich stellte mir mehrere kritische Fragen:

Wie alt bin ich wirklich? Wo bin ich? Wie komme ich hierher? Mit der Beantwortung der Fragen wurde mir immer bewusster, dass ich gerade träumte. Ich erinnerte mich an meine Kindheit und machte eine Reise in die Vergangenheit, um diese Momente wieder zu erleben.

Im Traum ist unser kritischer Verstand ausgeschaltet. Deshalb können wir die skurrilsten Situationen erleben, ohne zu merken, dass wir gerade träumen. Hinterfrage deshalb im Alltag deinen Bewusstseinszustand. Halte Ausschau nach unrealistischen Eindrücken. Frage dich mehrmals am Tag, was du vorhast, was dich hierhergebracht hat oder was du noch geplant hast. Mit etwas Übung wirst du dir auch im Traum diese kritischen Fragen stellen können und dadurch erkennen, dass du träumst. Je genauer du die Situation hinterfragst, desto mehr fällt dir dann auf, dass etwas nicht stimmen kann.

#5 Der Durchdring-RC: Fasse durch etwas hindurch

Wir verbrachten mit meiner Schwester und ihren Kindern einen lustigen Abend. Ich zeigte ihr meine neue Gartenschaukel. Während wir vor dem Fenster standen, dachte ich an einen Reality Check. Ich drückte meine Finger gegen die Fensterscheibe und fasste einfach hindurch. Das Gefühl war unbeschreiblich. Sofort merkte ich, dass es ein Traum war. Die kühle Luft auf der anderen Seite der Fensterscheibe war deutlich spürbar und alles fühlte sich so echt an. Mein ganzer Körper drang durch das Glas und ich befand mich draußen im Freien. Ich drehte mich ganz schnell im Kreis. Die Umgebung verschwamm und ich wünschte mich zu meiner Lieblingsinsel in Thailand, um dort das beste Red Curry der Welt zu essen.

Im Traum gibt es keine feste Materie. Wenn wir etwas Druck ausüben, können wir durch Tische oder Wände hindurchfassen. Wir können sogar mit den Fingern der einen Hand durch die andere Handfläche hindurchgreifen. Der Reality Check im Wachzustand bietet sich bestens an, wenn wir gerade größere Gegenstände anfassen oder uns an Wänden oder Tischen anlehnen.

#6 Der Funktions-RC:
Teste, ob alles ordnungsgemäß läuft

Seit Stunden saß ich am Schreibtisch und merkte, wie es allmählich immer dunkler wurde. Ich ging zum Lichtschalter, drückte ihn, doch es blieb dunkel. Im Gang holte ich eine Ersatzglühbirne aus dem Schrank und drehte sie in die Fassung. Trotzdem blieb es dunkel. Irgendwie kam mir das alles komisch vor. Ich drehte die brennende Glühbirne aus dem Flur heraus und schraubte sie in die Zimmerlampe. Endlich leuchtete sie! Aus Interesse drückte ich wieder den Lichtschalter, doch das Licht brannte weiter. Das konnte doch nicht sein! Etwas verärgert drückte ich den Schalter mehrmals hinterei-

nander. Mal funktionierte es, mal nicht … Und da kam mir endlich die Erkenntnis: Ich träumte!

Erinnere dich an das Traumbeispiel, in dem ich das halb defekte Auto fuhr. Im Traum funktionieren die Dinge meistens nicht zuverlässig genug. Vor allem, wenn wir sie »auf Knopfdruck« versuchen auszulösen. Sei deshalb immer besonders achtsam, wenn du etwas im Wachzustand bedienst. Nutze jede dieser Aktionen als Reality Check.

Doch Vorsicht: Dieser Test ist im Traum nicht immer zuverlässig und muss mehrmals ausgeführt werden, um auf den richtigen Zustand schließen zu können. Es bietet sich daher an, ihn mit weiteren Reality Checks zu kombinieren.

#7 Der Nasencheck-RC:
Schaue deine Nase an

Ich schlief heute etwas länger und kuschelte im Bett noch mit meiner Lebensgefährtin. Plötzlich öffnete sich unsere Haustüre und mein Vater kam mit dem Zweitschlüssel unangekündigt in die Wohnung. Aus dem Flur blickte er direkt ins Schlafzimmer und sah uns beide nackt. Ich wurde wütend. Während ich ihn anschrie, verwandelte er sich in meine Mutter, der es sichtlich unangenehm war. Es kam mir irgendwie immer eigenartiger vor. Ich blicke hinunter zu meiner Nase und erkannte, dass sie irgendwie ziemlich groß war. Und nicht nur das, sie wuchs – wie bei Pinocchio – immer weiter in

den Raum hinein. Das war für mich das Zeichen: ein luzider Traum! Ich schnippte mit den Fingern, um meine Nase wieder auf normale Größe zu zaubern.

Dieser Reality Check hat den Vorteil, dass du ihn blitzschnell und diskret ausführen kannst. Du musst dich dafür nicht einmal bewegen. Im Traum kann es dir passieren, dass deine Nase einfach nicht vorhanden ist oder sie krumme Form annimmt. Diesen Reality Check kannst du wunderbar in Alltagssituationen einbauen, in denen du auf Traumzeichen stößt.

#8 Der Zungen-RC:
Achte auf dein Mundgefühl

Dunkelheit … Wo war ich? Ich konnte mich nicht erinnern, wie ich hierhergekommen war. Und das Schlimmste: Ich konnte mich nicht bewegen. Eine Vermutung kam auf: War das ein Traum? Ganz vorsichtig biss ich mir auf meine Zunge. Es fühlte sich eigenartig an. Als ob ich auf einem Schwamm kauen würde. Schmerz war auch keiner da. Schlagartig erinnerte ich mich wieder, dass ich mich zum Mittagsschlaf hingelegt hatte. Ich verlangte nach Klarheit, stellte meine Sicht wieder her und startete mein Abenteuer.

Dieser Reality Check ist etwas speziell, hat jedoch einen ganz entscheidenden Vorteil. Er lässt sich bei absoluter Dunkelheit durchführen, ohne dass du deinen Körper bewegen musst. Deshalb eignet er sich besonders für spezielle Klartraumtechniken. Darauf gehe ich später noch etwas näher ein. Achte bei diesem RC aber nicht unbedingt auf das Schmerzempfinden, denn dieser kann auch im Traum täuschend echt wahrgenommen werden. Achte vielmehr auf die Form und Konsistenz der Zunge und spüre nach, ob sich irgendetwas komisch anfühlt oder sich etwas an deiner Wahrnehmung ändert. Wenn es Anzeichen dafür geben sollte, dass es sich möglicherweise um einen Traum handelt, kannst du abschließend einen anderen RC durchführen.

#9 Der Totem-RC:
Prüfe deine Gegenstände

Um mich herum zwitscherten viele Vögel. Offensichtlich spazierte ich gerade im naheliegenden Park. Doch solche Vögel hatte ich hier noch nie gesehen. Bei näherer Betrachtung entdeckte ich Papageien, Adler und Geier. Irgendwie erschien mir das schon seltsam. Ich wollte einen Reality Check machen und griff nach meiner Halskette. Warum war sie denn so groß und schwer? Sofort erkannte ich, dass alles nur ein Traum war.

Im Traum nehmen wir Gegenstände oft anders wahr. Berühmt wurde der Totem-RC durch den Film *Inception*. Der Kreisel von Leonardo Di Caprio dreht sich im Traum unendlich lang weiter. Du kannst als Traumtotem wählen, was immer dir zusagt. Es kann ein Talisman oder ein Glücksbringer sein, den du immer mit dir führst. Vor allem Schmuck oder sogar Tattoos eignen sich hier besonders gut. Schaue dir den Gegenstand im Alltag immer wieder kritisch an und nutze ihn als Reality Check im Traum.

#10 Der Körper-RC:
Blicke auf deine Füße

Es war frühmorgens und ich drehte meine morgendliche Joggingrunde. Derzeit lief ich barfuß und musste daher auf jeden Schritt achten, um nicht auf Glasscherben oder spitze Steine zu treten. Ich beobachtete meine Füße und merkte, wie sie ganz von selbst liefen. So, als ob es gar nicht meine Füße wären. Und tatsächlich stellte ich beim genaueren Hinsehen fest, dass sie kein Teil meines Körpers waren. Ich hatte überhaupt keine Beine und trug komische Klamotten. Da wurde mir klar, dass es ein Traum sein muss.

Wir haben beim Träumen ein ganz anderes Körperempfinden. Wenn wir hinunterblicken, sehen wir oft unsere Füße nicht oder uns fällt auf, dass etwas anders ist. Auch unser Körper hat meist eine andere Form. Nicht selten nehmen wir bei diesem Test unseren geträumten Körper auch von außerhalb wahr. Wenn wir das erkennen, gibt es uns direkt die Gelegenheit, in einen luziden Traum einzusteigen. Dieser Reality Check eignet sich im Wachzustand optimal, wenn wir gerade einer sportlichen Aktivität nachgehen.

Reality Checks richtig anwenden

Nun kennst du die wichtigsten RCs und kannst damit beginnen, sie anzuwenden. Ziel ist es, sie zur Gewohnheit werden zu lassen. Wenn du die RCs automatisch im Alltag ausführst, ohne über sie nachdenken zu müssen, ist das ein gutes Zeichen dafür, dass die Gewohnheit bereits von deinem Unterbewusstsein angenommen wurde. Je häufiger du die RCs ausführst, desto größer ist die Wahrscheinlichkeit, dass du sie auch in deinen Träumen anwenden wirst. Das bedeutet aber nicht, dass du alle fünf Minuten Reality Checks durchführen sollst. In etwa 10 bis 20 pro Tag sind ein guter Richtwert.

Viel wichtiger als die Häufigkeit ist die Regelmäßigkeit. Es bringt dir nur wenig, wenn du an einem Tag Vollgas gibst und es den Rest der Woche schleifen lässt. Versuche einen guten Mittelweg zu finden, sodass der Spaß daran nicht verloren geht. Die Kontinuität ist wichtig, damit die RCs zur Gewohnheit werden und dann spontan in deinen Träumen durchgeführt werden können. Gerade für Anfänger sind Reality Checks ein absolutes Muss. Durch Übung wird sich dein Bewusstsein irgendwann so schärfen, dass du auch ohne RCs schnell erkennst, dass du träumst.

Doch Achtung: Wenn du RCs nicht sorgfältig genug durchführst oder ihnen nicht die richtige Ernsthaftigkeit verleihst, kann dich dein Verstand leicht austricksen. Solltest du immer wieder einen RC auslassen, weil du dir denkst: »Ach, ich bin mir doch gerade sowieso sicher, dass ich wach bin«, wird sich diese Einstellung genauso auf deine Träume übertragen. Diese Gewohnheit hatte sich bei mir auch mal eingeschlichen. Du kannst dir nicht vorstellen, wie häufig ich mich darüber geärgert habe, dass ich eigentlich im Traum daran gedacht habe, einen RC zu machen, ihn aber nicht gemacht habe, weil ich dachte, ich sei wach. So viele luzide Träume sind mir dadurch entgangen. Es hat dann einige Wochen gedauert, bis sich die neuen Gewohnheiten in meinen Alltag integriert hatten. Entkräfte also nie die Macht hinter den Reality Checks, auch wenn du gerade der absoluten Überzeugung bist, dass du wach bist. Gehe bei jedem RC stets davon aus, dass du dich in einem Traum befinden könntest. Führe auch gerne einen zweiten RC aus, wenn du dich danach fühlst. Im Traum kommt man immer wieder in die Situation, dass man sich denkt: »Ach, natürlich träume ich gerade nicht, ich habe doch erst vor einer Minute einen RC gemacht.« Dabei hat man in Wahrheit gar keinen Test durchgeführt. Meine Verblüffung war riesengroß, als mir das passierte und ich den Traum nach dem RC dann tatsächlich entlarvte.

Manchmal kann es passieren, dass Reality Checks nicht verlässlich auf einen Traum hindeuten. Unser Bewusstsein bleibt etwas getrübt und ist sich über seinen Zustand unsicher. Der zweite RC verschafft dir immer Sicherheit.

Mache auch im Wachleben zwei oder drei unterschiedliche Reality Checks hintereinander. Je genauer und disziplinierter du sie ausführst, desto häufiger erkennst du deine Träume. Außerdem möchtest du dir vor gewagten Traumstunts bestimmt hundertprozentig sicher sein, dass du auch wirklich träumst.

Reality Checks erhalten eine größere Bedeutung für dein Unterbewusstsein, wenn du deine Realität auf verschiedene Weisen infrage stellst. Dazu gibt es weiterführende Techniken und hilfreiche Tipps, die ich dir jetzt vorstellen möchte. Gerne kannst du hier – wie im vorherigen Kapitel – einfach selbst für dich entscheiden, wie aufwendig du dieses Bewusstseinstraining gestalten möchtest. Der Anspruch steigt auch hier wieder mit jeder Stufe.

Diese kannst du miteinander kombinieren, um einen größeren Effekt zu erzielen. Doch auch hier gilt: Überfordere dich nicht! Fahre die Intensität je nach deiner aktuellen Lebenssituation hoch oder runter. Wichtig ist, dass du dranbleibst. Selbst ein einziger RC am Tag kann dir dabei helfen, in stressigen Lebensphasen auf deinem Trainingslevel zu bleiben.

Stufe 1: Reality Checks im Alltag

Führe einfach ganz willkürlich über den Tag verteilt RCs aus. Überprüfe die verschiedenen Situationen deines Alltags und die unterschiedlichen Orte, die du besuchst. Jede Situation, die du erlebst, könnte dir später als Traum begegnen. Manchmal stoßen wir im Wachleben auch auf Situationen, die uns traumartig erscheinen. Gerade dann eignet sich ein RC besonders gut. Gerade als Anfänger ist es wichtig, dass du dich über den Tag verteilt immer wieder an die Tests erinnerst. So werden die Reality Checks zur Gewohnheit und auch im Traum automatisch ausgeführt.

Für den Anfang kann es auch hilfreich sein, dass du dir alle zwei Stunden einen Wecker stellst. Oder du malst dir einen Punkt auf deine Hand und jedes Mal, wenn du draufschaust, führst du einen RC durch.

Wenn du die Effektivität der Realitätstest potenzieren willst, dann ist eine kritische Geisteshaltung ein wichtiger Schlüssel zum Erfolg. Sei ganz bei der Sache und wirf einen scharfen Blick auf deinen Bewusstseinszustand. Träumst du gerade? Diese Frage soll dir als eine Art Blitz-Meditation dienen, die dich sofort mit dem gegenwärtigen Moment verbindet und deine Achtsamkeit erweitert. Lasse sie zur Selbstverständlichkeit werden. Gehe immer davon aus, dass du gerade eben träumen könntest.

Stufe 2: Reality Checks gezielt einsetzen

Neben der spontanen Ausführung der RCs kannst du auch daran arbeiten, sie etwas gezielter einzusetzen. Jeder Mensch kennt diese Träume, in denen man die Toilette aufsuchen muss. Wir bauen das reale Bedürfnis in unser Traumgeschehen ein. Das können wir uns als Trigger zunutze machen. Lasse es zur Gewohnheit werden, immer dann einen RC zu machen, wenn du auf die Toilette gehst. Gerade am Abend oder in der Nacht. Hinterfrage deinen Bewusstseinszustand, wenn du Harndrang verspürst. Wenn das automatisch geschieht, kannst du diese Situation bewusst provozieren. Stelle dir um 3 Uhr nachts einen Wecker und trinke ein Glas Wasser. Es wird nicht lange dauern, bis du im Traum die Toilette aufsuchen musst und einen RC durchführen kannst. Dies ist eine einfache Klartraumtechnik, die als *Urinate Induced Lucid Dream* (UILD) bezeichnet wird. Zugegeben, ein Klartraum ohne volle Blase ist etwas angenehmer, aber gerade für Anfänger ist es eine wunderbare Möglichkeit, um schnelle Trainingserfolge zu erzielen.

Im Klartraumtraining kommt auch häufig das falsche Erwachen vor. Dabei glaubst du zwar, dass du aufgewacht bist, träumst dies aber nur. Das kann dir täuschend echt vorkommen. Gerade dann, wenn du Schritt für Schritt deine gewohnte Morgenroutine im Traum ausführst. Anfänger berichten nach ihren ersten Klarträumen häufig von einem falschen Erwachen. Das kannst du für dich nutzen. Lasse es zur Gewohnheit werden, jedes Mal, wenn du aufwachst, automatisch einen RC auszuführen. Ein »falsches Erwachen« wird mit ziemlicher Sicherheit auch schon bald bei dir auftreten. Und wenn du darauf vorbereitet bist, kannst du direkt in den Klartraum einsteigen. Diese Klartraumtechnik nennt sich *False Awakening* (FA).

Zum Abschluss habe ich hier noch einen wichtigen Tipp für dich: Kehre nach dem RC im Wachleben nicht sofort zu deiner Alltagstätigkeit zurück. Nimm dir eine Sekunde Zeit, um dir vorzustellen, was du gemacht hättest, wenn es ein Klartraum gewesen wäre. Stell dir dazu den obersten Punkt auf deiner Bucket-Liste vor. So reduzierst du die Wahrscheinlichkeit, dass du wieder in den Trübtraum fällst, und kannst direkt in dein Abenteuer starten.

Stufe 3: Reality Checks noch gezielter einsetzen

Hast du schon ein paar Dinge auf deine Traumzeichenliste geschrieben? Perfekt! Jedes Mal, wenn du ab sofort über eines deiner Traumzeichen stolperst, sollst du einen RC machen. Ich habe beispielsweise eine Zeit lang davon geträumt, dass in meiner Nähe ein Flugzeug abstürzt. Das habe ich mir auf meine Traumzeichenliste geschrieben und jedes Mal, wenn ein Flieger oder Helikopter über mir war, fragte ich mich sofort: »Träume ich gerade?« Auch wenn du im Alltag über eines deiner Traumzeichen stolperst, solltest du sofort einen RC ausführen. Diese sind besonders effektiv. Die Technik wird auch *Dream Sign Induced Lucid Dream* genannt (DSILD).

Eine ähnliche Klartraumtechnik nennt sich *Prospective Memory Training* (PMT). Hierbei suchst du dir eine bestimmte Situation aus dem Alltag heraus, die du mehrmals am Tag erlebst. Beispielsweise jedes Mal, wenn du einen neuen Raum betrittst, ein rotes Auto siehst, etwas isst oder einem Hund begegnest. Prinzipiell kann es alles Mögliche sein, wichtig ist nur, dass du dich für eine Sache entscheidest. Die aufmerksame Haltung wird sich auch auf deine Träume übertragen und du wirst automatisch von dieser

Situation träumen. Du kannst den Effekt noch verstärken, indem du es mit der MILD-Technik kombinierst. Anstatt sie dafür zu nutzen, dir vor dem Einschlafen zu suggerieren, dass du dich an deine Träume erinnern wirst, formulierst du die Affirmation passend um. Der letzte Gedanke, mit dem du einschläfst, kann dann beispielsweise lauten: »Ich träume jetzt von einem gelben Auto!«

Stufe 4: Morgen- und Abendroutine erweitern

Ein paar Hinweise hierfür hast du bereits im Laufe des Kapitels erhalten. Baue zum Beispiel direkt nach dem Aufwachen einen RC in deine Morgenroutine ein. Pflege auch weiterhin das Training deiner Traumerinnerung und im besten Fall praktizierst du jeden Morgen eine kurze Sitzmeditation. Diese hilft dir dabei, eine achtsame Grundhaltung zu entwickeln, die die Wirksamkeit aller Reality Checks passiv erhöht. Außerdem fällt es dir dann leichter, deinen Bewusstseinszustand infrage zu stellen und zwischen Wachsein und Schlaf zu unterscheiden.

Gleiches gilt für den Abend. Auch hier hilft dir die Meditation dabei, Körper und Geist in Balance zu bringen. Nicht selten sind am Ende eines Tages unsere Gedanken durch den Alltag zerstreut. Wenn wir Körper und Geist beim Einschlafen nicht richtig verbinden, gehen sie im Schlaf ihre eigenen Wege. Der Körper hält an Stress und Spannung fest und der Geist wandert in seiner illusionierten Welt umher. Wir putzen abends unsere Zähne, waschen unser Gesicht oder duschen unseren Körper, doch die meisten vergessen auch ihren Geist »zu reinigen«. Nimm dir in deiner Abendroutine die Zeit, um Körper und Geist zu vereinen und in den Moment zu finden. Dabei helfen dir kurze Meditationen, Affirmationen oder Dankbarkeitsübungen, die deine zerstreuten Gedanken sammeln und zur Ruhe bringen. Wenn dein Geist auf Wanderschaft ist, ist das fürs Klartraumtraining alles andere als förderlich.

Baue in deine Abendroutine auch regelmäßig RCs sein. Dies hilft dir, dich zu erden, und erhöht so kurz vor dem Schlaf die Wahrscheinlichkeit, dass du sie auch im Traum ausführen wirst. Hier ist es ebenfalls wirkungsvoll, die MILD-Technik etwas abzuändern. Rede dir vor dem Einschlafen ein, dass du heute Nacht einen Klartraum erleben wirst. Richte es wie einen Befehl an dein Unterbewusstsein. Nutze auch den Moment, wenn du nachts aufwachen solltest. Wenn du die Affirmationen in den frühen Morgenstunden durchgehst, um wieder einzuschlafen, sind sie besonders effektiv.

Stufe 5: Dein Bewusstsein verändern

Die Traumyogis beschreiben, dass sich der Traum von der Wirklichkeit kaum unterscheidet. Und sie haben recht, denn der »Stoff«, aus dem unsere Wahrnehmung besteht, ist im Traum und Wachleben der gleiche. Wir sehen, hören oder fühlen nur etwas, weil unser Gehirn durch unsere Sinnesorgane oder körperlichen Prozesse gereizt wird. Diese Reize werden im Gehirn verarbeitet, sortiert und gefiltert. Das, was wir wahrnehmen, ist also nicht die Wirklichkeit, sondern eine Projektion aus unserem Inneren. Traum und Wachsein entspringen aus unserer Wahrnehmungsfähigkeit und diese Wahrnehmung ist im Grunde eine Illusion. Das bestätigt auch die Wissenschaft.[26]

Wenn du lernst, diese Illusion im Alltag zu durchschauen, gelingt dir das im Traum noch viel leichter. Die Übung sieht es vor, deine Sicht auf die Welt zu verändern. Betrachte alles in deinem

Alltag als Traum. Sei dir bewusst, dass du den Tisch vor dir nur so siehst, weil deine Wahrnehmung ihn auf diese Weise für dich wahrnehmbar macht. Ein anderer Mensch würde den Tisch wahrscheinlich anders wahrnehmen – auf seine Weise. Jedes Ding, jede Situation und jedes Erlebnis deines Alltags ist eine Illusion, erzeugt von deiner Wahrnehmung. Wie die Welt tatsächlich aussieht, kann eigentlich niemand sagen. Jeder sieht die Wirklichkeit so, wie er sie selbst eben sieht.

Integriere diese Sichtweise in deinen Alltag. Interpretiere alles als Traum und stelle die Wirklichkeit infrage – bei allem, was du tust, empfindest oder wahrnimmst. Diese Übung ist wie ein großer Reality Check, der den ganzen Tag andauert und bei dem du weiterhin in einer bewussten Haltung deinem Alltag nachgehen kannst. Du bist dir permanent über deinen Bewusstseinszustand im Klaren. Es handelt sich hierbei um eine aktive Meditationstechnik, die über mehrere Wochen und Monate kultiviert werden muss, bis man sie gut beherrscht. Je besser du diese Sichtweise in dein Leben integrieren kannst, desto mehr überträgt sich das auch auf deine Träume. Dann bist du kontinuierlich in einer bewussten Haltung und kannst den Traumzustand durchgehend erkennen.

> **Wichtig:** Überfordere dich auch hier nicht mit diesen Techniken und setze dich nicht unter Druck. Du kannst jederzeit zwischen den einzelnen Stufen springen und die passende für deine aktuelle Lebenssituation verwenden. Selbst mit geringem Aufwand kannst du effektive RCs in deinen Alltag integrieren und die Möglichkeiten für luzide Träume eröffnen. Natürlich erfordern diese Übungen – gerade am Anfang – etwas Zeit und Mühe. Doch sie sind eine sehr gute Investition, da dir luzide Träume wiederum verborgene Lebenszeit schenken werden.

Die effektivste Klartraumtechnik

In unserem Klartraumtraining begleiten wir schon seit vielen Jahren Tausende Mitglieder und stehen eng mit ihnen im Kontakt. Unsere Community hat die unterschiedlichsten Klartraumtechniken ausprobiert. Am besten bewährte sich ein absoluter Klassiker. Es ist eine Mischung aus RCs, MILD und Wake Back to Bed (WBTB). Wie das genau funktioniert, möchte ich dir jetzt erklären.

Zunächst musst du aber genauer verstehen, was es mit dem WBTB auf sich hat. Es ist eine etwas radikalere Methode, dafür aber mit großem Effekt. Diese Klartraumtechnik wendest du nicht vor dem Schlafen an, sondern du stellst dir nach ca. 5 Stunden Schlaf einen Wecker. Stehe dann auf und bleibe für ca. 15 Minuten wach. Wenn du dich schließlich wieder ins Bett legst, ist dein Geist viel wacher und dein Körper gelangt schneller in eine REM-Phase. Die Wissenschaft hat uns ja bereits gezeigt, dass diese gegen Ende des Schlafs zunehmen. Wir sind also geistig und körperlich im optimalen Zustand und Klarträume werden hier viel wahrscheinlicher.

Diese Technik kannst du nun mit MILD und RCs geschickt kombinieren. Das sieht dann so aus: Führe das WBTB aus und stelle dir einen Wecker nach ca. 5 Stunden. Experimentiere hier ein bisschen mit der Zeit und finde heraus, was für dich am besten passt. Wichtig ist nur, dass es im letzten Drittel deines Schlafs passiert, da hier die REM-Phasen am längsten sind. Stehe dann auf und führe in dieser kurzen Wachzeit so viele RCs wie möglich durch, hinterfrage aktiv deinen Bewusstseinszustand oder mache eine (aktive) Meditation. Gehe außerdem deine Traumzeichenliste durch, lies ein wenig in deinem Traumtagebuch oder einem

Buch über luzides Träumen. Halte das Thema verstärkt in deinem Gewahrsein. Wie lange du letztendlich wach bleibst, ist dir überlassen. Es sollte nicht so kurz sein, dass du noch zu müde bist, aber auch nicht so lange, sodass du zu wach bist und nicht mehr einschlafen kannst. Wenn du dich wieder ins Bett legst, startest du mit der MILD-Technik. Suggeriere dir, dass du jetzt einen luziden Traum erleben wirst, und sei vollkommen überzeugt davon. Nutze beispielsweise diese Affirmation: »Ich werde gleich merken, dass ich träume.« Wiederhole den Gedanken so lange im Geist, bis du schließlich einschläfst.

Die Technik ist zwar keine vollständige Garantie für einen luziden Traum, jedoch hast du damit alle möglichen Weichen gestellt, um einen zu erleben. Es ist sinnvoll, diese Technik mehrmals zu wiederholen. Doch Achtung: Sie eignet sich nicht für den täglichen Gebrauch! Durch die kleine Wachphase stören wir unseren Schlafrhythmus. Das ist völlig unproblematisch, wenn wir es gelegentlich machen, doch wenn wir dies täglich praktizieren, kommt unser Körper durcheinander. Außerdem würde dies dann die Effektivität der Technik deutlich senken. Führe sie deshalb maximal einmal pro Woche aus. Das bietet sich besonders an, wenn du am nächsten Tag ausschlafen kannst.

Die Profi-Klartraumtechnik (WILD)

WILD steht für *Wake Induced Lucid Dream* und ist eine Technik, bei der man den Einschlafprozess des Körpers aktiv miterlebt und direkt mit wachem Bewusstsein in den Traum einsteigt. Da diese Technik sehr viel Übung braucht, bis sie zuverlässig funktioniert, ist sie für Anfänger nur bedingt geeignet. Deshalb möchte ich sie in diesem Buch nur kurz anschneiden.

Der schwierigste Teil der WILD-Technik ist, während des Einschlafens wach zu bleiben. Dabei soll man sich nicht bewegen und versuchen, tief zu entspannen. Es ist auch hilfreich, eine tiefe und flache Schlafatmung auszuführen, um dem Körper Schlaf zu signalisieren. Ungeübte liegen hierbei manchmal stundenlang ohne Erfolg im Bett oder schlafen viel zu schnell ein. Deshalb kann diese Technik schnell frustrierend sein. Doch wer sie beherrscht, ist in der Lage, Klarträume wie auf Knopfdruck auszulösen. Das ist für viele Menschen Motivation genug, um den langen Übungsprozess durchzuhalten. Das Wichtigste dabei ist nicht nur, dass man in der Lage ist, tief zu entspannen, sondern auch, dass man seine Gedanken zur Ruhe bringen kann. Die eigene Überzeugungskraft spielt ebenfalls eine wichtige Rolle. Um die Effektivität der Technik zu steigern, kann man sie ebenfalls mit der WBTB- und der MILD-Technik kombinieren. Wähle dann eine entsprechende Affirmation wie: »Ich schlafe jetzt bewusst ein.«

Die WILD-Technik ist eher ungeeignet für den Nachtschlaf, da unser Körper zunächst die Tiefschlafphasen durchlaufen muss und REM-Phasen erst gegen Ende des Schlafs zunehmen. Unmöglich ist es nicht, besser eignet sich jedoch der Mittagsschlaf. Die Schwierigkeit dieser Technik ist, dass man sich während des Einschlafvorgangs nicht bewegen darf, aber trotzdem zu 100 % entspannt bleiben muss. Befindest du dich an der Schwelle zwischen Wachsein und Schlaf, wirst du in der Regel den »hypnagogen« Zustand erleben. Hier beginnt sich dein Traum aufzubauen. Meist nimmst du dabei zuerst geometrische Formen oder plötzlich auftretende Lichtimpulse wahr. Stelle dir dann deine Traumumgebung vor und schlüpfe immer mehr in den Traum hinein.

Um das zu ermöglichen, benötigst du eine gute Mischung an Vorstellungskraft und Fantasie. Bleibe stets bewusst und drifte nicht in einen Trübtraum ab. Wer in der Lage ist, diesen Balanceakt zu meistern, kann nicht nur sofort in luzide Träume einsteigen, sondern schafft auch die perfekte Grundlage fürs Astralreisen. Diese Erfahrungen gehen noch mal eine Ebene tiefer. Mehr Infos dazu findest du im Anhang des Buches.

Du solltest wissen, dass die hypnagoge Phase auch oft mit einer Schlafparalyse einhergeht. Die hypnagogen Wahrnehmungen können sich mit der Realitätswahrnehmung vermischen, sodass man in diesem Moment regelrechte Halluzinationen erleben kann, während der Körper gelähmt ist. Für viele Menschen ist das ein sehr beängstigendes Gefühl, wenn sie nicht darüber aufgeklärt sind. Mehr Informationen zur Schlafparalyse findest du im Anhang.

Spezielle Klartraumtechniken

In meinem Leben habe ich sicherlich knapp hundert verschiedene Klartraumtechniken ausprobiert. Ein paar davon habe ich selbst entwickelt und das kannst du auch. Es gibt viele kreative Wege, um das Klarträumen zu erreichen, die beliebtesten hast du bereits kennengelernt. Nichtsdestotrotz ist jeder Mensch individuell. Was für den einen gut funktioniert, muss nicht gleich das Beste für den anderen sein. Deshalb möchte ich dir noch drei weitere effektive Klartraumtechniken mit an die Hand geben, damit du möglichst vielseitig üben kannst und eine Inspiration für die Entwicklung eigener Klartraumtechniken hast.

Ich bin mir sicher, dass diese Klartraumtechnik bei einigen sehr gut ankommen wird. Sie ist kaum an Einfachheit und Gemütlichkeit zu überbieten. Gerade für Anfänger ist sie besonders interessant, weil man hier das Klarträumen schnell trainieren kann. Der einzige Nachteil ist, dass die ausgelösten Klarträume auf eine kurze Zeit beschränkt sind.

Die Technik funktioniert folgendermaßen: Wenn dich morgens der Wecker weckt, stellst du ihn in den Schlummermodus, sodass er in wenigen Minuten noch mal klingelt. Bei vielen Smartphones kannst du die Schlummerzeit beliebig einstellen. Experimentiere ein wenig mit der Zeit, bis es für dich passt. Je kürzer die Schlummerzeiten, desto mehr Versuche hast du, um in den Klartraum einzusteigen. Je länger, desto mehr Zeit hast du für den Traum. 5–15 Minuten pro Schlummerphase sollten ein guter Richtwert sein. Achte darauf, dass der Weckton nicht zu schrill ist, sodass du nicht zu wach wirst. Bei den meisten Smartphones kannst du den Schlummermodus einfach aktivieren, wenn der Wecker klingelt und du die Lautsprechertasten drückst. Wenn du geweckt wirst, solltest du nicht direkt wieder weiterschlafen. Nutze den kurzen Wachmoment, um eine Mischform aus der MILD- und WILD-Technik auszuführen. Das soll den Klartraum einleiten. Spreche dazu in Gedanken wieder eine Affirmation aus, beispielsweise: »Ich träume jetzt luzid!«. Beobachte, wie du langsam zurück in den Schlaf gleitest und beginnst zu träumen.

Falls es nicht klappen sollte, ist das kein Problem. Nach wenigen Minuten wirst du erneut geweckt und du bekommst eine weitere Gelegenheit. Versuche dabei möglichst still liegen zu bleiben und deinen Körper kaum zu bewegen. Du kannst dein

Smartphone so zwischen Bett und Hand legen, dass du die Schlummertaste mit nur einem Finger betätigen kannst.

Zwischen den Schlummerintervallen kannst du auch RCs einbauen, um den Effekt noch weiter zu verstärken. Hierfür eignet sich der Zungen-RC, da du dich nicht bewegen musst und die Augen geschlossen halten kannst. Je häufiger du geweckt wirst, desto leichter gelangst du auf die Schwelle zwischen Wachsein und Schlaf. Bewusstheit und Schlaf vermischen sich immer mehr und Klarträume sind hier sehr wahrscheinlich.

Verwende diese Technik auch gerne, um WILD zu üben und ein Gefühl dafür zu bekommen, bewusst einzuschlafen. Auch für einen Mittagsschlaf eignet sie sich sehr gut.

> **Doch Achtung!** Lasse das Schlummern bei dir nicht zur Gewohnheit werden und führe diese Technik nur ganz gezielt aus. Es ist keine gute Idee, das jeden Morgen zu praktizieren, da tägliches Schlummern sich negativ auf deine Schlafqualität auswirken und deine Produktivität im Alltag verschlechtern kann.

TILD – Thirst Induced Lucid Dream

Diese Methode verspricht große Erfolge. Doch manche Personengruppen sollten hier vorsichtig sein. Die grundlegende Idee dieser Technik ist, dass du mithilfe eines starken Durstgefühls einen luziden Traum induzierst. Bist du schon einmal durstig eingeschlafen bzw. mit einem Durstgefühl aufgewacht und wieder eingeschlafen? Dann hast du doch bestimmt davon geträumt, dass du im Traum ständig auf der Suche nach Trinken bist. Ähnlich wie die Toilettensuche bei der UILD-Technik.

Trinke also für diese Übung längere Zeit vor dem Schlafengehen nichts, sodass du in der Nacht durstig wirst. Wenn du dich im Traum nun dabei erwischst, wie du etwas trinkst, solltest du einen RC ausführen. Kombiniere dies auch mit der MILD-Technik, indem du dir vor dem Einschlafen suggerierst, dass du jetzt im Traum ein Glass Wasser trinken wirst.

Wenn du die Technik verstärken willst, kannst du sie mit der PMT kombinieren. Dazu machst du schon Tage vorher immer RCs, wenn du etwas trinkst oder an Trinken denkst.

Wenn du noch eifriger bist, führst du sie am besten nach dem WBTB aus. Lass dich dazu nach vier bis fünf Stunden Schlaf wecken, stehe auf und fülle dir ein Glas Wasser ein. Schaue dir in der Zeit, in der du wach bist, das Glas an und stelle dir vor, wie gerne du jetzt davon trinken würdest. Denke dabei stets daran, dass du gleich im Traum davon träumen wirst, wie du das Wasser trinkst und einen RC machst. Gehe nach der Wachphase wieder ins Bett und stelle das Glas auf dein Nachtkästchen. Zum Einschlafen kannst du wieder die MILD-Technik nutzen. Die Wahrscheinlichkeit auf einen luziden Traum ist jetzt sehr groß.

> **Doch Achtung!** Dehydrierung ist nicht gut für deinen Körper. Es ist zwar unbedenklich, wenn du die Technik als gesunder Mensch gelegentlich praktizierst, doch mache es nicht zu häufig und keinesfalls, wenn du dich nicht fit fühlst oder bestimmte Erkrankungen hast.

SILD – Sign Induced Lucid Dream

Diese Technik ist für dich interessant, wenn du schon etwas fortgeschrittener bist. Nutze dafür deinen nächsten Klartraum. Verbreite darin so viele Hinweise wie möglich. Es bietet sich an, Schilder mit der Aufschrift »RC« oder »Klartraum« aufzustellen.

Du kannst auch etwas auf die Raumwände malen, in denen du dich häufig im Traum aufhältst. Verwende zum Beispiel Spraydosen oder Kreide. Oder wähle bestimmte Symbole, die du dann auch in der Wachwelt verteilst. Immer wenn du an ihnen vorbeigehst, führst du dann einen RC aus.

Alternativ kannst du auch Personen in deinen Träumen darum bitten, dich bei deinem nächsten Treffen auf einen Traum aufmerksam zu machen. Je mehr Arbeit und Leidenschaft du in die Verteilung deiner Hinweise steckst, desto wahrscheinlicher werden sie auch in folgenden Träumen auftauchen. Und je mehr Zeichen du verteilst, desto öfter wirst du auf einen Traum hingewiesen. Dies hilft dir allmählich dabei, deine Traumumgebung von der realen Umgebung zu unterscheiden. Irgendwann wirst du auf Anhieb merken, dass du dich im Traum befindest.

Externe Hilfsmittel fürs Klarträumen

In diesem Abschnitt möchte ich dir noch ein paar weitere Hilfsmittel vorstellen, die dich beim Training unterstützen können. Es gibt eine Vielzahl von Substanzen, die Klarträume begünstigen können. Ich selbst bin ein großer Fan des Guya-Tees. Dieser macht ähnlich wach wie Kaffee, hat aber zusätzlich Wirkstoffe, die den Körper beruhigen. Somit ist es möglich einzuschlafen, das Bewusstsein bleibt aber weiterhin geschärft. Andere Kräuter oder Nahrungsergänzungsmittel wie Panax Ginseng, Matcha oder Ginkgo Biloba können die Klarheit in den Träumen erhöhen. Von härteren bewusstseinsverändernden Mitteln wie Galantamin, THC, Rapé, DMT oder anderen psychoaktiven Substanzen rate ich ab. Hier stehen die Gefahren oder mögliche Nebenwirkungen nicht im Verhältnis zum Nutzen.

Binaural Beats oder Isochronic Tones kann ich wärmstens empfehlen. Die darin enthaltenen Frequenzen können deine Gehirnwellen in den optimalen Zustand führen. Verschiedene Studien bestätigen allgemeine Wirksamkeit und Effekte von Binaural Beats.[27] Doch nutze sie unterstützend zu deinen Techniken, denn allein die Wirkung der Beats wird in den meisten Fällen nicht ausreichend sein, um Klarträume auszulösen. Binaural Beats nehmen Einfluss auf deine Gehirnwellen. Dies ist für die meisten Menschen unbedenklich, doch Menschen, die an Epilepsie oder Herzkrankheiten leiden, sollten die Nutzung zunächst mit ihrem Arzt abklären.

Mittlerweile gibt es auch schon einige kreative Klartraum-Apps, die interessante Klartraumtechniken mitliefern. So zum Beispiel *Lucid Reality.* Hier wirst du mehrere Male am Tag mit einem ganz bestimmten Signalton an RCs erinnert. Dieser wird dann auch nachts ausgespielt, sodass du ihn im Traum wahrnimmst und den RC ausführst.

Zu guter Letzt kann ich dir auch noch meine geführte Meditation ans Herz legen. Hier leite ich dich mit meiner Stimme an, führe dich sanft in den Schlaf und helfe dir dabei, luzid zu werden. Unter diesem QR-Code kannst du dir die Meditation anhören und herunterladen:

Die 10 goldenen Klartraum-Regeln

Solltest du beim Üben feststecken oder möchtest gerne wissen, ob du auch alles Wichtige beachtest, wird diese Zusammenfassung aus den letzten Kapiteln eine große Hilfe sein. Hier siehst du auf einen Blick, ob du alle Grundkriterien erfüllst, um luzide Träume auslösen zu können. Solltest du eine dieser Regeln nicht befolgen, ist es so, als würde dir ein wichtiges Zahnrad fehlen, das alle notwendigen Techniken perfekt ineinandergreifen lässt. So können deine Chancen auf einen luziden Traum drastisch abnehmen. Beherzige deshalb diese Mindestanforderungen, sodass sie in deine Alltagsgewohnheiten übergehen. Dann ist es nur noch eine Frage der Zeit, bis du einen Klartraum erleben wirst.

1. Beschäftige dich mit deinen Träumen, indem du direkt nach dem Aufwachen an sie denkst, sie aufschreibst oder nach einer gewissen Zeit Revue passieren lässt. Somit rückst du deine Träume in den Fokus und trainierst deine Traumerinnerungsfähigkeit. Das sorgt dafür, dass der Traum länger, detaillierter, stabiler und klarer wird.

2. Analysiere deine Träume, indem du nach bestimmten Traumzeichen suchst, die regelmäßig vorkommen. Die Traumzeichen können sehr charakteristisch für deinen Traum sein. Sie können beispielsweise ein Teil deiner Traumwelt sein und direkt auf den Traumzustand hinweisen. Am besten, du sammelst sie auf einer Traumzeichenliste und rufst sie dir immer wieder ins Bewusstsein. Sie können dir helfen, einen Traum als solchen zu entlarven.

3. Überprüfe mindestens fünf bis zehn Mal am Tag mithilfe von Reality Checks, ob du gerade träumst oder wach bist. Stelle dir dabei intensiv vor, dass du dich in diesem Moment tatsächlich im Traum befindest. Wenn du die kritische Realitätsüberprüfung durchführst, wird sie zur Gewohnheit und im Traum ganz automatisch ausgeführt.

4. Hinterfrage regelmäßig und kritisch deinen Bewusstseinszustand. Stelle dir Fragen zu deiner Vergangenheit oder Zukunft. Frage dich, wie du an deinen aktuellen Standort gekommen bist. Achte darauf, ob irgendwelche Lücken in deiner Erinnerung auftauchen. Diese kritische Denkweise wird deinen präfrontalen Cortex aktivieren und du wirst viel eher Reality Checks im Traum ausführen können.

5. Führe auch immer dann RCs aus, wenn du über eines deiner Traumzeichen stolperst. Du wirst merken, dass Klarträume fast wie von selbst kommen, wenn du häufig von bestimmten Dingen träumst und diese mit RCs verbindest.

6. Achte besonders auf die Situationen im Alltag, die dir traumartig erscheinen. Zum Beispiel immer dann, wenn etwas Überraschendes oder Unwahrscheinliches geschieht. Das trainiert dein kritisches Bewusstsein. Führe dann einen RC aus. Im Traum wirst du häufig auf Situationen stoßen, die dir komisch vorkommen. Wenn du dir angewöhnt hast, in diesen Momenten deinen Bewusstseinszustand zu hinterfragen, dann wirst du schnell Klarträume auslösen können.

7. Schlafe mit dem Gedanken ein, einen Klartraum erleben zu wollen. Das ist besonders effektiv, wenn du in der Nacht oder in den frühen Morgenstunden aufwachst und weißt, dass du jetzt gleich weiterschlafen wirst. Auch wenn du einen Mittagsschlaf machst, eignet sich diese Technik gut.

8. Nimm dir ein bestimmtes Ziel aus deiner Bucket-Liste vor, welches du bei deinem nächsten Klartraum erreichen möchtest. Dadurch stellst du dir bereits deinen nächsten luziden Traum vor und motivierst dich automatisch. Das hilft dir auch dabei, im ersten Klartraum nicht die Kontrolle zu verlieren.

9. Übe regelmäßig, aber nicht zu verbissen. Luzides Träumen setzt Geduld voraus, da sich Erfolge erst bei regelmäßiger Anwendung der Techniken einstellen. Dein Traumgedächtnis muss erst mal wachsen und dein kritisches Bewusstsein geschult werden. Setze dich deshalb nicht unter Druck und verliere nicht vorzeitig die Motivation.

10. Limitiere dich nicht selbst. Der Verstand ist in der Lage, dir die größten Blockaden aufzusetzen. Wenn du glaubst, dass du luzides Träumen nicht erlernen kannst, aus welchem Grund auch immer, wird dir das im Wege stehen. Halte deshalb deinen Verstand frei von limitierenden Glaubenssätzen und befolge die Ratschläge, Techniken und Übungen aus diesem Buch. Manchmal ist es auch hilfreich, ein paar Wochen Pause zu machen, um Abstand zu gewinnen und mit frischem Geist wieder loszulegen.

Bevor es weitergeht

Nun kennst du die Werkzeuge, um Klarträume selbst auszulösen. Im nächsten Kapitel stelle ich dir vor, wie du Klarträume stabilisieren kannst. Um die dazugehörigen Techniken anwenden zu können, musst du erst in der Lage sein, Klarträume zu erleben. Bevor du also tiefer in das nächste Kapitel einsteigst, solltest du die Praktiken, die du jetzt kennst, gut beherrschen. Lasse dir ruhig etwas Zeit, bis sich ein Automatismus eingestellt hat und dein erster Klartraum quasi vor der Tür steht. Es ist trotzdem hilfreich, das nächste Kapitel schon durchzulesen, da ich dir dort auch verraten werde, wie du richtig mit deinen ersten Klarträumen umgehen solltest, um nicht vorzeitig zu erwachen.

Mit folgender Checkliste kannst du prüfen, ob du bereit für einen tieferen Einstieg in das nächste Kapitel bist.

CHECKLISTE

- ☑ Ich habe dieses Kapitel gründlich gelesen und verinnerlicht.
- ☐ Ich habe RCs in meinen Tagesablauf integriert.
- ☐ Ich verwende regelmäßig Klartraumtechniken.
- ☐ Ich arbeite weiterhin an meiner Traumerinnerung.
- ☐ Ich versuche aktiv, meine Bewusstheit zu steigern.
- ☐ Ich beherzige die 10 goldenen Klartraum-Regeln.
- ☐ Ich habe meinen ersten Klartraum erlebt oder stehe kurz davor.

Wenn du alle Kästchen abhaken kannst, dann hast du die zweite Ebene gemeistert. Du hast dir nun den folgenden Titel verdient:

Klartraum-Novize

4
LUZIDES TRÄUMEN BEHERRSCHEN

Bisher hast du alles Wichtige darüber erfahren, wie du einen luziden Traum selbst auslöst. Doch das wahre Abenteuer beginnt erst jetzt. Einen Klartraum auszulösen ist zwar ein wichtiger Schritt, doch nun geht es darum, das meiste aus ihnen herauszuholen. Ich werde dir in diesem Kapitel wichtige Tipps und Tricks verraten, wie du deine Klarträume unglaublich erlebnisreich machst und sie so stabil werden, dass du geschätzt mehrere Stunden im Traum verbringen kannst. Weiterhin lernst du, wie du Traumfähigkeiten ausbilden kannst, um aktiv in das Traumgeschehen einzugreifen. So kannst du beispielsweise lernen, Objekte zu erschaffen, die Traumumgebung zu verändern oder die Zeit zu beeinflussen. Vergiss dabei nicht, dass das luzide Träumen ein Lernprozess ist. Sobald du das erste Mal luzid träumst, wird dir bewusst, dass dir bei falschen Bewegungen, falschen Gedanken und überheblichen Handlungen der luzide Zustand schnell entgleiten kann.

Die vier Ebenen der Klarheit

Auch wenn du einen luziden Traum erreicht hast, bedeutet das nicht automatisch, dass du diesen vollständig kontrollieren kannst. Ob und wie stark du deine Träume steuern kannst, kommt ganz auf den Klarheitsgrad des Traumes an. Als Anfänger wird dieser relativ gering sein. Mit der Zeit wirst du jedoch besser werden und ihn immer weiter erhöhen können. Es ist auch nicht ungewöhnlich, dass der Klarheitsgrad von Traum zu Traum schwankt. Wir können in der gleichen Nacht zwei luzide Träume erleben, einen mit guter Traumkontrolle und den anderen mit geringer. Die Klarheit kann sich auch während des Traumes verändern. Wenn sie ganz absinkt, driften wir wieder zurück in einen Trübtraum. Mit Traumstabilisierungstechniken können wir in diesen Prozess eingreifen.

Der Klarheitsgrad lässt sich grob in vier Stufen unterteilen. Der Übergang zwischen diesen Stufen ist immer fließend, deshalb kann es auch passieren, dass du dich zwischen zwei Stufen befindest.

Ebene 1: Präluzider Zustand

Bei einer solchen Art von Traum handelt es sich noch nicht um einen tatsächlichen luziden Traum. Auch wenn deine Wahrnehmung im Traum sehr real war und du dich an so gut wie alles erinnern kannst, fehlt die Bewusstheit. Wir können nicht frei entscheiden. Wir träumen zwar davon, luzid zu sein, jedoch ist es immer noch ein Trübtraum. Solche Träume hat man oft als Anfänger, wenn man sich häufig mit dem Thema beschäftigt. Präluzide Träume sind gute Anzeichen dafür, dass man mit dem Training auf dem richtigen Weg ist. Sie sind sozusagen Ankündigungen, dass wahrscheinlich bald ein Klartraum kommen wird. Deshalb solltest du unbedingt mit dem Training weitermachen und an der Erinnerung und der Bewusstheit arbeiten.

Ebene 2: Semiluzider Zustand

Hier wird dir zumindest bewusst, dass du dich in einem Traum befindest. Doch durch die starke Euphorie und Planlosigkeit entgleitet dir die Luzidität schnell wieder. Entweder driftest du in einen Trübtraum ab oder du wachst auf. Vor allem in den ersten Klarträumen kannst du dich ein wenig orientierungslos oder überwältigt fühlen.

Du wirst auch feststellen, dass es manchmal gar nicht so einfach ist, Traumaktivitäten durchzuführen, die über die physikalischen Naturgesetze hinausgehen. Wenn du nicht sofort in der Lage bist, zu fliegen oder dich zu teleportieren, ist das kein Grund zur Sorge. Da du darauf konditioniert bist, dass du diese Dinge eigentlich nicht machen kannst, wird sich dein Verstand manchmal im Traum querstellen. Ich werde dir hier verraten, wie du geistige Flexibilität erreichen kannst, damit du solche blockierenden Überzeugungen aus der Wachwelt überwinden kannst.

Solltest du dich häufig in der semiluziden Stufe befinden, arbeite dringend an den Traumstabilisierungstechniken.

Ebene 3: Eingeschränkte Klarheit

Solche Träume sind recht stabil und du bist auch in der Lage, Traumfähigkeiten, wie zum Beispiel Fliegen oder Teleportieren, anzuwenden. Außerdem kannst du viele deiner Traumhandlungen kontrollieren, doch dein Unterbewusstsein beeinflusst das Traumgeschehen noch massiv. Obwohl du dir völlig bewusst darüber bist, dass du dich im Traum befindest und du diesen auch wunderbar steuern kannst, hindert dich dein Verstand daran, Außergewöhnliches zu erreichen.

Beim luziden Träumen ist zwar alles möglich, was man sich vorstellen kann, jedoch bedarf diese Art von Kontrolle enorme geistige Flexibilität. Diese werden wir uns gemeinsam aneignen. Dann wirst du in der Lage sein, alle Traumfähigkeiten zu beherrschen und das luzide Geschehen gänzlich unter deine Kontrolle zu bringen. Für diese Ebene ist es zudem wichtig, dass du Traumstabilisierungstechniken einsetzt.

Ebene 4: Vollständige Klarheit

Du befindest dich in einem absolut stabilen Traumzustand und bist dir dessen bewusst. Deine Wahrnehmung entspricht der deiner Wachwirklichkeit und geht teilweise darüber hinaus. Deine Sinneswahrnehmungen unterscheiden sich kaum von denen der Wachwelt. Du kannst auf dein vollständiges Erinnerungsvermögen zugreifen und bist geistig ganz klar. Außerdem bist du in der Lage, Traumfähigkeiten beliebig einzusetzen und die Traumwelt deiner Vorstellung nach zu kreieren. In diesem Zustand kannst du dich stark mit deinem Unterbewusstsein beschäftigen, sportliche Fähigkeiten und Talente ausbilden, deine Persönlichkeit entwickeln, dich mit Heilung und Gesundheit auseinandersetzen und sogar tiefe spirituelle Erfahrungen erleben.

Um einen solchen Klarheitsgrad in jedem deiner Träume entfalten zu können, bedarf es monate- bis jahrelanger motivierter Übung. Denn du musst dafür sowohl im Wachleben als auch im Traum ein hohes Maß an Bewusstheit erreichen und das luzide Träumen auf allen Ebenen meistern.

Stabilisierungstechniken einsetzen

Wenn du dich vom Anfänger zum Fortgeschrittenen entwickeln möchtest, solltest du die folgenden Techniken nicht nur kennen, sondern auch anwenden können.

Deine Traumwelt reagiert sehr empfindlich auf deine Gedanken. Alles, was du dir im Traum vorstellst, wird in das Traumgeschehen eingebaut. Wenn du also, nachdem du luzid geworden bist, befürchtest aufzuwachen, wird das wahrscheinlich auch passieren. Aus diesem Grund solltest du im Klartraum zunächst Ruhe bewahren und dich konzentrieren.

Versuche dich nicht gleich auf alle erdenklichen Abenteuer zu stürzen, wenn du noch nicht gelernt hast, mit dem Klartraum umzugehen. Es ist ein bisschen so wie Laufen lernen. Wenn du nicht die notwendige Hilfestellung bekommst, kann es unter Umständen vorkommen, dass du dich im übertragenen Sinne sehr lange nur krabbelnd fortbewegst. Und genau dabei sollen dir die Traumstabilisierungstechniken Hilfe leisten. Sie sorgen für eine konstante Lernsteigerung. Erst wenn du weißt, wie du deine Träume richtig stabilisierst, kannst du die Dauer und Klarheit des

Traumes aufrechterhalten. Hast du es zu eilig, wirst du nicht viel von deinen Klarträumen haben. Du wirst immer in niedrigen Klarheitsstufen bleiben und nie in den Genuss voller Klarheit kommen.

Die folgenden Tipps und Tricks helfen dir dabei, für stabile und erlebnisreiche Klarträume zu sorgen und die Traumdauer zu maximieren.

Mache DAS zuerst, wenn du einen Klartraum hast

Oh wow! So fühlte sich das also an. Ich merkte, wie sich mein Bewusstsein erweiterte. Ich konnte es kaum fassen, endlich einen Klartraum zu erleben. Ich schaute mir das Gebäude gegenüber ganz genau an, doch ich konnte immer deutlicher die Präsenz eines Körpers wahrnehmen. Ein Körper, der im Bett lag und schlief. Moment, das war ja ich … und der Traum war leider schon vorbei.

Dieses Szenario ist für viele Anfänger Normalität. Keine Sorge, es hat nichts damit zu tun, dass du nicht fürs luzide Träumen gemacht bist. Es fehlt dir hierbei lediglich an Übung.

Warum aber wacht man so leicht wieder auf, wenn man doch direkt in den luziden Traum eingestiegen ist? Als Anfänger befindest du dich in einer ungewohnten Situation, wenn du merkst, dass du träumst. Dein präfrontaler Cortex wird aktiv und dein Gehirn befindet sich somit in einer ähnlichen Verfassung wie im Wachzustand. Aus diesem Grund ist die Gefahr aufzuwachen relativ hoch.

Um zu verhindern, dass dies geschieht, musst du sofort versuchen, deine Emotionen in den Griff zu bekommen. Es ist klar, dass du dich über den luziden Traum überaus freust. Aber es bringt dir wenig, wenn du vor lauter Freude und Überwältigung aufwachst. Halte deine Emotionen also vorerst zurück und fokussiere dich erst einmal darauf, tief durchzuatmen. Beruhige dich und denke an den Punkt auf deiner Bucket-Liste, den du dir vorgenommen hast. Als Anfänger tendiert man leicht dazu, etwas hastig zu werden. Man hat Angst davor, dass der luzide Zustand jeden Moment wieder entgleiten könnte oder der Traum gleich endet. Das Problem an dieser Einstellung ist, dass man seinen Traum dadurch limitiert und Druck aufbaut. Unter diesen Umständen büßt man eine gewaltige Menge Klarheit ein. Bleibe deshalb in erster Linie ruhig und entspannt, schenke deine Aufmerksamkeit deinem Traumkörper (indem du deine Hände ansiehst oder deine Hände aneinanderreibst) und ertaste langsam deine Traumumgebung. Lasse deine Gedanken erst mal außen vor und konzentriere dich auf die Wahrnehmung. Du gibst deinem Bewusstsein somit Zeit, sich an diese neue Situation zu gewöhnen und mit möglichst vielen Eindrücken aus der Traumwelt zurechtzukommen. Im nächsten Schritt kannst du absolute Klarheit von deinem Unterbewusstsein verlangen. Sage dazu ganz laut: »Klarheit sofort!« Solltest du dennoch erwachen, versuche unmittelbar danach wieder mit der WILD- oder MILD-Methode einzuschlafen, denn wenn du in einer Nacht Klarheit erlangt hast, sind die nächsten Träume sehr wahrscheinlich auch luzid. So habe ich es geschafft, in einer Nacht fünf luzide Träume zu haben.

So hältst du deinen Traum aufrecht

Ich nahm mir vor, zum Haus meiner Schwester zu fliegen. Während die Häuser an mir vorbeizogen, schweifte ich irgendwie ab. Das bemerkte ich jedoch erst nach dem Aufwachen, weil ich mich dann an einen Traum erinnerte, in welchem ich in meiner alten Schule war, wo ich eine Schularbeit schreiben musste.

Manchmal kann es vorkommen, dass du im Laufe des Klartraumes vergisst, dass du luzid bist und in einen Trübtraum abgleitest. Dies kann sehr ärgerlich sein, vor allem, wenn du bereits für eine gute Klarheit gesorgt hattest und gerade mitten im Geschehen warst. Wenn du die Klarheit verloren hast, kannst du mithilfe von Traumhinweisen oder dem Zuspruch eines Traumcharakters den luziden Zustand wiedererlangen. Auch die Technik des falschen Erwachens kann dir noch einen weiteren Klartraumversuch geben. Am besten ist jedoch, dass es gar nicht erst dazu kommt, dass du die Klarheit verlierst.

Wie kann man es also verhindern, in einen Trübtraum abzudriften? Dazu solltest du dir immer wieder ins Bewusstsein rufen, dass du im Moment einen Klartraum erlebst. Denke dabei auf keinen Fall lange darüber nach, dass dir der Traum entgleiten könnte und du aufwachst. Überhaupt sind Zweifel ein echter Klartraumkiller! Versuche im Laufe des Traumes die Klarheit konstant auf einem hohen Niveau zu halten. Wenn du merken solltest, dass sie langsam schwindet, verwende sofort eine der folgenden Techniken.

Damit es gar nicht erst so weit kommt, kannst du die vorgestellten Techniken regelmäßig in kurzen Zeitabständen wiederholen und so für einen konstanten Klarheitspegel sorgen.

TIPP 1: FIXIERE NIE DEINEN BLICK

Achte darauf, dass du nie für längere Zeit deinen Blick auf ein bestimmtes Objekt hältst. Sobald du ihn zu lange auf eine Stelle richtest, unterbrichst du die Augenbewegungen deiner REM-Schlafphase und signalisierst deinem Körper das Ende des Traumes. Fixiere im Traum daher nichts für länger als zwei Sekunden, da sonst die Gefahr besteht aufzuwachen.

TIPP 2: INTERAGIERE MIT DER TRAUMWELT

Wirf einen Blick auf deine Hände, zähle deine Finger oder reibe deine Hände aneinander und wiederhole das regelmäßig. Drehe dich hin und wieder um deine eigene Achse und führe immer wieder RCs aus. Betrachte die Details in deiner Traumumgebung. Verlange regelmäßig nach Klarheit. Verbreite Klartraumzeichen in deiner Traumumgebung. Erhöhe deine Konzentration. Signalisiere deinem Bewusstsein permanent, dass du dich im luziden Zustand befindest, und sorge dafür, dass dir das den ganzen Traum über bewusst ist.

TIPP 3: TRAUMBEGLEITER FRAGEN

Bitte im Voraus eine Person aus dem Traum darum, dich während deines Traumes zu begleiten. Sie soll dich ständig daran erinnern, dass du träumst. Wenn du an Klarheit verlierst, soll dich dein Begleiter daran erinnern, deinen Traum zu stabilisieren. Etwas später erfährst du noch genauer, wie du einen Traumbegleiter finden kannst. Beachte, dass es sich hierbei um eine Technik für Fortgeschrittene handelt.

Ich freute mich schon seit Wochen auf diesen Moment. Endlich war ich luzid und konnte den Ort aus Thailand besuchen, den ich so liebe. Eigentlich hatte ich geplant, dort unsere Köchin zu besuchen und bei ihr zu essen. In Thailand angekommen, lenkte mich leider eine Person auf der Straße ab, und ich driftete in einen Trübtraum ab.

Der häufigste Grund, warum dir ein Klartraum entgleitet, ist mangelnde Konzentration. Ein Moment der Unachtsamkeit reicht bereits aus, um in einen normalen Trübtraum abzudriften oder aufzuwachen. Um dies zu verhindern, sollte man stets für einen hohen Konzentrationspegel im Traum sorgen. Sollte deine Konzentration schwinden und du merkst, wie deine Traumwelt langsam an Detaildichte verliert, kannst du die folgenden Techniken anwenden, um wieder klar zu werden.

TIPP 1: SAMMELN

Atme tief durch. Schließe dabei gegebenenfalls deine Augen. Nimm einen tiefen Atemzug und atme langsam wieder aus. Fokussiere deine Gedanken auf den Klartraum. Rede mit dir selbst und sprich dir Mut, Stärke und Durchhaltevermögen zu.

TIPP 2: HERAUSFORDERN

Führe eine mathematische Rechenaufgabe durch. Du musst dich dabei nicht komplett überfordern, denn selbst simple Aufgaben haben eine gute Wirkung. Entweder rechnest du dir im Kopf etwas aus oder träumst dir Papier und Stift herbei. Der Grund, warum mathematische Aufgaben die

Konzentration im Traum erheblich steigern, ist, dass der präfrontale Cortex gefordert wird.

TIPP 3: NACHDENKEN

Versuche dich daran zu erinnern, welches Datum wir haben, welchen Wochentag, welchen Monat, welches Jahr. Konstruiere nach, was bisher im Traum passiert ist. Durch diese Überlegungen forderst du dein logisches Denken (aktivierst also ebenfalls deinen präfrontalen Cortex) und stabilisierst dadurch deinen Traum.

Verteile Hinweise im Traum

»Ich merkte, dass ich bald erwachen würde. Ich nahm eine Spraydose aus meinem Rucksack und malte die Buchstaben RC an die Wand. Ich nahm das Geräusch der Spraydose wahr, den Geruch des Lacks und spürte, wie sich die Farbe an die Wand haftete. Das brachte mich wieder tiefer in die Klarheit.«

Eine besonders gute Möglichkeit, um während des Traumes an Konzentration zu gewinnen und somit die Stabilität des Traumes zu steigern, aber auch um die Chance auf luzide Träume in der Zukunft zu erhöhen, liegt darin, deine Traumumgebung mit Traumhinweisen zu versehen. Oft träumen wir von den gleichen Plätzen und entwickeln mit der Zeit eine individuelle Traumwelt, die sich von der Realität unterscheidet.

Du kannst diese Fähigkeit dazu nutzen, um deine Umgebung so zu verändern, dass du in den nächsten Träumen direkt darauf hingewiesen wirst, dass du dich in einem Traum befindest. Dafür hast du mehrere Möglichkeiten:

- Du kannst ein Stück Kreide aus deiner Hosentasche holen und damit Zeichen auf Wände oder Böden malen.
- Du kannst Sätze wie »Das ist ein Klartraum!« aufschreiben. Jedoch muss dir bewusst sein, dass sich der Satz im Traum beim zweiten Hinsehen verändern kann. Obwohl vielleicht einzelne Wörter verändert werden, bleibt der Sinn dahinter aber meist erhalten.
- Du kannst Schilder oder Tafeln aufstellen, die auf deinen Traum hinweisen. Es bietet sich wirklich jeder Ort an, wichtig ist nur, dass sie gut sichtbar sind.

Das Erstellen der Traumhinweise erfordert ein gewisses Maß an Konzentration. Lasse dir deshalb so viel Zeit, wie du dafür benötigst. Zusätzlich gewinnt dein Traum dadurch an Stabilität. Die Konzentrationsphase sorgt dafür, dass der Traumhinweis stark im Unterbewusstsein verankert wird und somit zu einem festen Bestandteil deiner Traumumgebung wird.

Denke stets positiv

Mein Traum wurde immer trüber und ich musste etwas dagegen tun. Ich sagte reflexartig: »Ich möchte jetzt noch nicht aufwachen.« Sofort war ich in Gedanken bei meinem Körper, den ich immer deutlicher wahrnehmen konnte. Die Wahrnehmung vom Traum schwand.

Unter positivem Denken sind zwei unterschiedliche Denkvorgänge gemeint. Zum einen versteht man darunter das Denken mit positivem Inhalt. Zum anderen besteht positives Denken aus Denkvorgängen, in der keine Negationen genutzt werden.

Damit dein Verstand stets mit positiven Inhalten gefüllt ist, dürfen sich keine Gedanken mit Befürchtungen, Ängsten oder zum Thema Scheitern bilden. Im Klartraum wirst du genau das erleben, womit sich deine Gedanken beschäftigen. Hast du Ängste oder glaubst, du kannst bestimmte Dinge im Traum nicht ermöglichen, wird genau das wahrscheinlich auch eintreten. Denke also stets positiv und hole das Beste aus dir heraus. Im Klartraum ist alles möglich! Man muss es nur wollen und sich zutrauen.

Die positive Denkweise im Sinne der Gedankenstruktur ist ebenfalls wichtig, damit du deine Gedanken mit vollständiger Kontrolle in eine Traumhandlung umwandeln kannst. Im folgenden Beispiel siehst du, was damit gemeint ist:

Positives Denken: *»Ich erhalte jetzt mehr Klarheit!«*
Negatives Denken: *»Der Klartraum darf jetzt noch nicht enden!«*

Sowohl die positive als auch die negative Denkweise sagen das Gleiche aus: Ein Klartraum, der sich gerade dem Ende zuneigt, soll mithilfe dieser Gedankenformulierungen vermieden werden. Obwohl beide Sätze genau das Gleiche meinen, wird sehr wahrscheinlich nur die positive Formulierung die gewünschte Wirkung erzielen. Dein Bewusstsein befindet sich bei der negativen Gedankenformulierung im Zwiespalt. Du möchtest zwar nicht, dass der Klartraum endet, trotzdem denkst du durch die negative Formulierung automatisch daran, dass es jeden Moment vorbei sein kann. Der gefasste Gedanke wird demnach ausgeführt. Die im Satz enthaltene Verneinung wird vom Verstand in den meisten Fällen ignoriert.

Denke also stets positiv, das heißt ohne Negationen. Versuche dich an diese Gedankenformulierung zu gewöhnen. Sie hat nämlich nicht nur beim Klarträumen einen großen Vorteil, sondern auch im Alltagsleben.

»Es war mir eine Freude, seine Bekanntschaft zu machen. Sein Name war John und gemeinsam sind wir auf die Suche nach seinem Kanarienvogel gegangen. Wir flogen dabei in den Lüften umher und er zeigte mir tolle Kunststücke, die ich nachmachte. Er war so aufmerksam und erinnerte mich immer wieder daran, einen RC zu machen. Das hat meine Klarheit gehalten.«

Eine gute Möglichkeit für mehr Traumstabilität bietet dir, wie schon erwähnt, eine Person aus deinen Träumen, die du darum bittest, dich zu begleiten. Sie soll dich darauf aufmerksam machen, deinen Traum zu stabilisieren, wenn du an Klarheit verlierst. Du kannst deinen Traumbegleiter auch darum bitten, dich daran zu erinnern, dass du dich in einem Traum befindest. So kannst du in einem späteren Trübtraum an Klarheit gewinnen und einen luziden Traum auslösen.

Im Folgenden werden dir Möglichkeiten vorgestellt, wie du Traumpersonen dazu bringen kannst.

TIPP 1: UM HILFE BITTEN

Spreche einen netten Traumcharakter an und bitte ihn darum, dich bei deinen Aktivitäten zu begleiten. Sag ihm, dass du Neuling im luziden Träumen bist und seine Hilfe brauchst. Sag ihm auch immer wieder, dass er dich daran erinnern soll, regelmäßig Traumstabilisierungstechniken anzuwenden. Beachte aber, dass jeder Traumcharakter anders ist und jeder seine individuellen Grenzen hat. Manchmal ist es ratsam, mehrere Personen zu fragen, um herauszufinden, wer sich für diese Aufgabe gut eignet.

TIPP 2: HILFE GEBEN

Wenn du bereits ein wenig Erfahrung im luziden Träumen hast, kannst du eine Traumperson darum bitten, dich auch in anderen Träumen zu begleiten. Um dies in deinem Unterbewusstsein zu verankern, musst du kreativ werden. Erlebe ein kleines Abenteuer, indem du deinem Traumbegleiter bei einem bestimmten Problem hilfst. Wird seine Stadt von einem feuerspeienden Drachen bedroht? Perfekt! Hilf ihm dabei, den Drachen zu bekämpfen, und rette seine Stadt vor der Bedrohung. Seine ewige Dankbarkeit wird dir in zukünftigen Träumen den Einstieg in den luziden Zustand erleichtern. Formuliere deine Forderung klar und deutlich an ihn, sodass er dir zur Seite stehen kann.

TIPP 3: UNTERBEWUSSTSEIN

Stelle dir vor, in deiner Hosentasche wäre ein Telefon. Hole es hervor und rufe dein Unterbewusstsein an. Verlange nach einem Traumbegleiter, der dich bei deinen luziden Träumen unterstützt.

Es gibt sehr viele Möglichkeiten, wie du an die Hilfe eines Traumcharakters herankommst. Setze einfach deine Kreativität geschickt ein, ich bin mir sicher, dir fällt etwas ein, das sogar noch besser zu dir passt.

Verlange nach Klarheit

Ich wusste, dass ich träumte, doch irgendwie konnte ich nicht richtig sehen. Alles war trüb und verschwommen. Ich rief in den Himmel hoch: »Klarheit, sofort!« Augenblicklich merkte ich, wie farbenfroh es im Traum wurde, und ich konnte wieder scharf sehen.

Einer der beliebtesten Wege, um seinen Klarheitsgrad zu erhöhen, ist, dass du eine Forderung an dein Bewusstsein stellst. Nutze dazu Sätze wie: »Klarheit sofort!«, »Steigere jetzt meine Wahrnehmung!« oder »Ich nehme jetzt alles bewusst wahr!« Diese Technik funktioniert ähnlich wie die MILD-Technik, nur dass sie in diesem Fall direkt im Traum eingesetzt wird.

Das laute Rufen von »Klarheit sofort!« ist auch eine hilfreiche Methode, um deinen Traum zu stabilisieren oder ein vorzeitiges Erwachen zu verzögern. Achte aber auf deine Aussprache. Wenn es dir im Traum nicht gelingt zu sprechen, dann denke einfach laut. Denn wenn du das Sprechen erzwingst, kann es schnell passieren, dass du aufwachst. Stelle die Forderung, am besten direkt nachdem du in den luziden Traum eingestiegen bist, und du wirst schnell merken, wie wirkungsvoll die Technik ist.

Denke daran, dass nicht die Wortwahl deiner Forderung entscheidend ist, sondern die Intention und Aussage, die dahinterstecken. Versuche deshalb bei der Aussprache der Forderung deine komplette Gedankenkraft mit einzubringen.

Setze diese Technik – vor allem als Anfänger – immer wieder in relativ kurzen Zeitabständen ein, um für eine konstante Traumstabilisierung zu sorgen.

Traumfähigkeiten ausbilden

Nachdem du gelernt hast, deine Träume zu stabilisieren, kannst du damit beginnen, Traumfähigkeiten einzusetzen. Solltest du während deines Traumes merken, dass du an Klarheit verlierst, kannst du jederzeit wieder die Techniken zur Traumstabilisierung nutzen.

Die Traumfähigkeiten sind wichtig, um die volle Kontrolle über den Traum zu erhalten. Deiner Kreativität sind hierbei keine Grenzen gesetzt. Im Traum ist alles möglich. Es gibt keine Grenze der Erfahrung, die wir nicht durchbrechen könnten. Das Einzige, was uns daran hindert, sind Unwissenheit, Zweifel und fehlende Vorstellungskraft.

Wenn ich dir jetzt erzähle, du könntest dich selbst im Traum verdoppeln und zur gleichen Zeit ganz bewusst an verschiedenen Orten existieren, glaubst du mir dann? Wenn ja, dann hat sich für dich soeben eine Tür geöffnet. Vielleicht denkst du ja sogar noch größer und stellst dir bereits vor, wie es wäre, wenn du dich vervierfachst oder sogar verhundertfachst. Wenn du zweifelst, dann limitierst du deine Möglichkeiten im Traum.

Wir müssen Möglichkeiten zunächst erkennen und daran glauben, dass wir sie im Traum erleben können. Ansonsten existieren sie für uns nicht. ALLES ist im Traum möglich. Allein Zweifel und der Mangel an Vorstellungskraft limitieren dich. Übe dich deshalb darin, geistige Flexibilität zu entwickeln.

Im Laufe der Jahre hat sich vor allem bei Erwachsenen eine gewisse Steifheit im Geiste etabliert. Das schränkt unsere Möglichkeiten im Traum extrem ein. Wir müssen wieder lernen, »Out of the Box« zu denken und die Grenzen unseres Verstandes zu sprengen. Wenn wir daran zweifeln, dass wir durch eine Tür gehen oder uns auf das Doppelte vergrößern können, dann wird uns diese Möglichkeit im Traum verwehrt.

Mithilfe von einfachen Anleitungen kannst du an geistiger Elastizität dazugewinnen. Dann kannst du die Welt der luziden Träume mit den Augen eines Kindes sehen und das Land der unbegrenzten Möglichkeiten erforschen. Du kannst dir jede Fähigkeit, egal wie unrealistisch sie sein mag, beibringen. Du musst nur davon überzeugt sein.

In diesem Kapitel möchte ich dir ein paar Grundtechniken vorstellen, die deinen Geist öffnen und durch die du lernen kannst, das Traumgeschehen nach deinen Vorstellungen zu kontrollieren.

Wie du lernst zu fliegen

Endlich kam der lang ersehnte Klartraum. Ich sprang in die Luft und wollte fliegen. Doch immer wieder fiel ich zu Boden. Irgendwie schien es nicht zu klappen. Ich ging etwas tiefer in die Hocke und bereitete mich auf einen hohen Sprung vor. Ich sammelte alle Energie in meinen Beinen und schnellte dann in die Lüfte. Ich flog wie Superman hoch in die Wolken.

Fliegen ist eine Traumfähigkeit, die auch in nicht-luziden Träumen sehr häufig vorkommt. Viele Menschen berichten dabei von einem absoluten Freiheits- und Schwerelosigkeitsgefühl. Wenn du in deinen Träumen fliegen willst, gibt es einige Sachen zu beachten.

Zunächst musst du in einen Klartraum einsteigen und diesen mit Klarheitstechniken stabilisieren. Hast du für gute Rahmenbedingungen gesorgt, kann es losgehen. Probiere die folgenden Ratschläge aus:

- Um in die Lüfte aufzusteigen, solltest du es dir einfach vorstellen. Sobald du beginnst, es zu visualisieren, wird es oft von selbst funktionieren.
- Außerdem kannst du Affirmationen wie: »Ich fliege jetzt hoch zum Himmel!« sagen, um genau das geschehen zu lassen.
- Wenn du mit der gängigen Methode des Fliegens keinen Erfolg hast, kannst du alternativ auch Schwimmbewegungen nutzen, um dich in der Luft fortzubewegen. Ebenso kannst du deine Arme auch wie Flügel benutzen und dir die Flugtechnik der Vögel zunutze machen.
- Eine weitere Möglichkeit besteht darin, dir große Flügel – ähnlich wie bei einem Engel – wachsen zu lassen. Dieser Trick macht es deinem Unterbewusstsein glaubhafter, fliegen zu können.
- Solltest du immer noch Probleme beim Fliegen haben, kannst du vor dem Einschlafen die MILD-Technik nutzen, um deinem Unterbewusstsein zu suggerieren, dass Fliegen möglich ist.

Fliegen ist, wie jede andere Traumfähigkeit auch, erlern- und trainierbar. Lasse dich deshalb nicht entmutigen, wenn es nicht so gut klappen sollte. Versuche in diesem Fall erst daran zu arbeiten, deinen Klarheitsgrad zu erhöhen.

So kannst du Traumobjekte erschaffen

Ich wurde luzid, machte meine Stabilisierungstechniken und konnte es kaum erwarten. Ich wollte mit einem Düsenjet fliegen! Doch woher sollte ich den nehmen? Ich ging in dem Gebäude, in dem ich war, die Treppen hoch und stellte mir vor, dass das Flugzeug oben auf dem Dach für mich bereitstand. Und tatsächlich! Ich stieg ein und neben mir saß ein Pilot, der mir zeigte, wie ich das Flugzeug bedienen musste. Es war ein atemberaubendes Erlebnis. Wir flogen bis in den Weltraum.

Das Erschaffen von Traumobjekten kann nützlich und unterhaltsam zugleich sein. Einige Traumobjekte können dazu benutzt werden, um andere Traumfähigkeiten zu ermöglichen. Beispielsweise helfen Zauberpillen oder -stäbe beim Ändern der Traumumgebung oder beim Teleportieren. Solche Objekte können vor allem für Anfänger hilfreich sein, damit das Unterbewusstsein eine Erklärung für unrealistische Sachverhalte bekommt.

Das Wichtigste an einer Traumfähigkeit ist, dass du vollkommen davon überzeugt sein musst, dass sie funktioniert. Zweifel oder Ängste führen dazu, dass deine Traumfähigkeiten ineffektiv werden. Mit ein wenig Training bekommt man das aber schnell in den Griff.

Du kannst dir die Fähigkeit allmählich antrainieren, bis du schließlich allein durch deine Vorstellungskraft Objekte herbeiträumst. Anfängern fällt dies meist schwer, da sie noch nicht die nötige Flexibilität im Geist entwickelt haben. Es gibt hierfür kleine Tricks, um deinem Verstand Hilfestellung zu leisten.

TIPP 1: LASSE ES ERSCHEINEN

Bei kleinen Gegenständen kannst du deine Augen schließen und dir vorstellen, dass du das gewünschte Objekt in der Hand hältst. Wenn du deine Augen öffnest, sollte sich der Gegenstand in deiner Hand befinden. Du kannst alternativ auch kurz weg- und dann wieder hinsehen. Sollte das nicht funktionieren, stelle dir vor, dass sich das Objekt in deiner Hosentasche befindet. Greife dann hinein und hole hervor, was du dir gewünscht hast. Solltest du einen Zauberstab hervorziehen, kannst du diesen dazu nutzen, größere Objekte herbeizuzaubern.

TIPP 2: SUCHE ES

Stelle dir vor, dass sich das Objekt hinter dir befindet. Wenn du dich umdrehst, sollte es vor dir stehen. Wenn das nicht funktioniert, stelle dir vor, dass sich das Objekt im Zimmer nebenan befindet. Wenn du davon überzeugt bist, wirst du es dort finden können.

TIPP 3: VERDIENE ES

Bitte eine höhere Macht darum, dir das Objekt auszuhändigen. Stelle dazu deine Forderung in Richtung Himmel und sehe zu, wie das gewünschte Objekt in deiner Nähe langsam vom Himmel fällt.

Diese Tipps sollen dir als kleine Einstiegshilfe dienen. Aber natürlich kannst du auch deine eigenen Möglichkeiten finden, wie du dir Objekte herbeiträumst.

Lerne die Gedanken anderer zu steuern

Ich traf auf meinen Abenteuern auf eine Person, die mich aus Spaß ein bisschen ärgerte. Sie konnte sich unsichtbar machen, was mich total faszinierte. Deshalb wollte ich das sofort nachmachen, doch ich wusste einfach nicht, wie. Ich hielt meine Finger an den Kopf und stellte mir vor, dass ich die andere Person werden würde, sobald ich meine Augen schloss. Boom! Nun sah ich mich selbst durch die Augen des anderen und wusste, wie es mir auch gelingen konnte, mich durch die Macht meiner Gedanken unsichtbar zu machen.

Die Gedanken anderer Traumpersonen zu steuern kann nicht nur amüsant, sondern auch sehr nützlich für deine Aktivitäten im Traum sein.

Obwohl du den luziden Zustand erreicht hast, scheint es oft so, dass Personen im Traum einen eigenen Willen besitzen und nicht immer das machen, was du willst. Da diese Personen ebenso Projektionen deiner selbst sind, können sie manchmal der Ausdruck innerer Widerstände oder Zweifel sein. Über die Gedankensteuerungsfähigkeit ist es dir möglich, die Traumpersonen nach deinen persönlichen Wünschen umzustimmen.

Um Traumfähigkeiten solcher Art zu verwenden, ist ein hohes Maß an Traumkontrolle erforderlich. Bevor es losgehen kann, solltest du dich also mit den Techniken der Traumkontrolle vertraut machen und das luzide Träumen gut beherrschen.

Es gibt unterschiedliche Methoden, um die Gedanken deiner Traumcharaktere zu steuern. Im Folgenden werden dir drei verschiedene Grundtechniken vorgestellt. Wenn du mit einer nicht zurechtkommst, kannst du eine andere ausprobieren. Da die

Grenzen deiner luziden Träume durch deine persönliche Willens- und Vorstellungskraft begrenzt sind, ist die Intention, mit der du die Technik durchführst, erfolgsentscheidend.

- Versetze dich in die Situation der Person. Wenn du dich in sie hineinfühlen kannst, kannst du ihre Tätigkeiten und Gedanken allmählich steuern. Vergiss nicht, dass sie auch nur ein Produkt deiner eigenen geistigen Vorstellungskraft ist und du sie somit wirklich steuern kannst.
- Sage der Person direkt, was zu tun ist. Benutze dazu den Befehlston. Wenn sie sich immer noch weigern sollte, sagst du einfach: »Das ist mein Traum, ich bestimme jetzt!«
- Benutze einen Zauberspruch. Denke dir dazu einen aus, den du auch in anderen Träumen verwenden kannst. Die Kraft des Zauberspruchs wird hierbei trainiert und so von Traum zu Traum effektiver. Konzentriere dich auf die Person, die du umstimmen möchtest, und spreche den Zauberspruch mit einer starken Intention aus. Verlagere dein Bewusstsein in den Traumcharakter und steuere seine Gedanken oder Handlungen.

Wundere dich nicht über Personen, die sich in deinen Träumen querstellen. Sie sind die Produkte deines Unterbewusstseins, die durch Zweifel oder Ängste entstehen. In neuen, ungewohnten Situationen ist das völlig normal.

Es war ein heißer Sommertag und sehr schwül im Schlafzimmer. Das merkte ich auch in meinem Traum. Ich wollte, dass es regnet, um für ein wenig Abkühlung zu sorgen. Ich stellte mich also, die Armen offen Richtung Himmel gestreckt, hin und versuchte irgendwie das Wetter zu ändern. Doch es klappte nicht. Da fiel mir ein interessanter Baum auf, der sich bewegte, als ob er verzaubert wäre. Ich brach mir einen großen Ast ab und spürte bereits, welche magische Kraft in ihm wohnte. Ich hielt den Stock senkrecht in beiden Händen, hob ihn leicht an und stieß mit dem unteren Ende auf den Boden. Sofort donnerte es und der Himmel zog sich zu. Der Regen, der dann kam, war so erfrischend, dass ich mich tatsächlich etwas abgekühlter fühlte, als ich wieder aufwachte.

Um aktiv in das Traumgeschehen einzugreifen und alles möglich zu machen, ist das Zaubern äußerst hilfreich. Vor allem Anfängern fällt es unglaublich schwer, aktiv in das Traumgeschehen einzugreifen. Ihre geistige Flexibilität ist noch nicht ausgeprägt genug und sie brauchen deshalb eine kleine Hilfestellung.

Wenn du bereits magische Kräfte einsetzt, ist eine Blockade in deinem Verstand gelöst, da du überzeugt davon bist, dass du durch Magie alles nach Belieben verändern kannst. Hast du deine magischen Traumkräfte weiterentwickelt, wirst du sogar in der Lage sein, allein mit deinem Willen den kompletten Traum zu steuern und somit Meister deiner eigenen Träume zu werden. Das ist eines der höchsten Bestreben eines Klarträumers: die volle Kontrolle über die eigenen Träume zu erlangen.

Diese Traumfähigkeit lässt sich nur über einen langen Zeitraum trainieren. Du wirst anfangs schnell Erfolge erzielen und deine Fähigkeit dann konstant weiterentwickeln – ohne je auszulernen.

Folgende Tipps helfen dir dabei, diese Fähigkeit auszubilden und Schritt für Schritt besser zu werden.

TIPP 1: BENUTZE MAGISCHE OBJEKTE

Ein Zauberstab ist ein wundervolles Werkzeug, mit dem du dein Unterbewusstsein davon überzeugen kannst, in deinen Traum eingreifen zu können. Doch woher bekommst du einen solchen Zauberstab? Du kannst ihn entweder, wie schon erklärt, mit der Fähigkeit *Traumobjekte erschaffen* bekommen. Viel mehr Spaß macht es aber, wenn du ihn als Belohnung für ein kleines Abenteuer bekommst. Erfinde eine Story: Bekämpfe einen tausendjährigen Drachen, rette ein Dorf vor einer Verwüstung oder helfe einer Traumperson aus der Patsche. Gelingt dir dies, wirst du den magischen Traumzauberstab erhalten, der dann für immer dir gehört. Auch in anderen Träumen findest du ihn dann leichter wieder, da das Abenteuererlebnis eine große Bedeutung für dein Unterbewusstsein hat. Sobald du ihn besitzt, kannst du mit dem Training beginnen und die Kräfte des Zauberstabs entdecken.

TIPP 2: VERWENDE ZAUBERSPRÜCHE

Hierbei wird deine Willenskraft stark trainiert. Entwickle deine eigenen Zaubersprüche, die alle Unterschiedliches bewirken können. Auch hier gilt: Klein anfangen und nichts überstürzen. Stelle dir Schritt für Schritt ein Repertoire aus Zaubersprüchen zusammen. Hier kannst du dir ebenfalls ein kleines Abenteuer ausdenken, um ein wertvolles Zauberspruchbuch zu erhalten. Lasse dich davon inspirieren und erlerne magische Kräfte, die nur dein höheres Selbst kennt.

TIPP 3: ZAUBERTRÄNKE BRAUEN

Eine weitere Möglichkeit, magische Kräfte zu entfalten, ist die Verwendung von Zaubertränken. Diese Methode bietet sich optimal dafür an, um Verwandlungen auszuführen oder unsterblich zu werden. Um an Zaubertränke zu kommen, kannst du ebenfalls die Fähigkeit *Traumobjekte erschaffen* nutzen.

Natürlich gibt es tausend andere Wege, um sich magische Kräfte anzueignen. Solltest du Probleme damit haben, deinen Verstand davon zu überzeugen, dass Magie möglich ist, kannst du in deinem luziden Traum einen Zauberer aufsuchen und ihn um eine kleine Nachhilfestunde bitten.

Wie du dich an einen anderen Ort teleportierst

Wie komme ich nach Thailand? Ich war gerade im Wohnzimmer und wusste, dass ich mich in Deutschland befand. Ich griff in meine Hosentasche und holte ein Stück Kreide hervor. Damit zeichnete ich ein türgroßes Rechteck an die Wand und sagte dabei: »Koh Lanta«. Die Ränder begannen magisch zu leuchten und ich stieß die Tür auf. Ich konnte die paradiesische Insel bereits von hier aus sehen.

Teleportieren kann eines der unglaublichsten Dinge im luziden Träumen sein. Diese Fähigkeit ist ideal, wenn du Orte besuchen möchtest, an denen du abschalten und entspannen kannst. Hattest du eine harte Woche? Teleportiere dich in deinem Traum zu einem Strand auf Gran Canaria. Möchtest du dich mental auspowern? Teleportiere dich zum Mount Everest und besteige ihn in deinen Träumen. Oder hast du Lust auf eine Marsexpedition? Möchtest du wissen, wie hell die Sonne aus nächster Nähe ist? Die Auswahl an Orten, die du in deinem Traum bereisen kannst, ist grenzenlos.

Ebenso wie bei anderen Traumfähigkeiten kann das Teleportieren auf verschiedene Weisen ermöglicht werden, die bei jedem Menschen mal besser, mal schlechter funktionieren.

TIPP 1: IM KREIS DREHEN

Schließe deine Augen und drehe dich um deine eigene Achse. Stelle dir dabei vor, dass du an deinem gewünschten Ort landest, wenn du deine Augen wieder öffnest. Du kannst, während du dich drehst, deine Augen auch offen lassen, sodass deine Umgebung durch die Rotation verschwimmt und eine neue Gestalt annimmt.

TIPP 2: PORTALE BENUTZEN

Benutze Bilder oder Spiegel als Portale. Sehe dich in deiner Traumumgebung nach etwas Geeignetem um oder erträume, was du suchst, mithilfe der Fähigkeit *Objekte erschaffen*. Steige dann durch das Bild oder den Spiegel in deine neue Traumumgebung ein. Fortgeschrittene können auch in ihrer Wohnung einen Raum erschaffen, in dem ein Portal steht.

TIPP 3: DURCH EINE TÜR GEHEN

Öffne eine Tür und stelle dir die Traumwelt dahinter vor. Für Anfänger ist es meist schwer, sich ein Portal wie in Tipp 2 vorzustellen, durch das man in eine andere Welt gelangt. Deshalb stellt diese Methode eine Alternative dar. Wenn gerade nichts in der Nähe sein sollte, kannst du dir vorstellen, dass sich hinter dir eine Tür im Raum befindet. Wenn du dich umdrehst und genügend Willenskraft einsetzt, wirst du sie dort finden.

Traumszene ändern

Ich kellnerte gerade und erkannte plötzlich, dass ich träumte. Natürlich wollte ich sofort weg. Ich hatte keine Lust, unbezahlt weiterzuarbeiten. Ich wollte die ganze Traumszenerie ändern. Deshalb peilte ich einen anderen Ort im Geiste an und drehte mich im Kreis. Die Umgebung um mich herum verschwamm und als ich wieder stehen blieb, sah ich vor mir die Berge.

Das Ändern der Traumwelt hat große Ähnlichkeiten mit dem Teleportieren, jedoch gibt es einen Unterschied. Wenn du nicht gleich dein komplettes Traumumfeld verändern möchtest, sondern vielleicht nur Details, bestimmte Personen oder das Wetter, ist es einfacher, nur Aspekte der Traumumgebung zu verändern, als den Ort komplett zu wechseln. Es gibt Hunderte Möglichkeiten, bestimmte Inhalte deiner Traumszene zu ändern; jeder luzide Träumer hat hierfür seine eigenen Methoden. Für Anfänger können die folgenden Tipps hilfreich sein:

- Drehe dich 360 Grad um deine eigene Achse. Stelle dir während der Drehung vor, dass sich die Traumumgebung nach deinen Wünschen anpasst.
- Benutze deine Hände. Wenn du beispielsweise mit dem Wetter unzufrieden bist, dann verdecke mit deinen Händen den Himmel und bewege sie von einer Seite zur anderen. Du wirst sehen, wie das Wetter sich auf magische Weise ändert.

- Benutze eine Uhr. Wenn du zum Beispiel von Nacht zu Tag wechseln möchtest, kannst du an den Uhrzeigern drehen und so die Zeit vorspulen.
- Benutze einen Countdown. Zähle von fünf herunter und stelle dir vor, dass nach dem Countdown die Traumszene verändert sein wird. Du kannst auch, wenn du bei null angekommen bist, deine Augen kurz schließen.

Wie du siehst, gibt es vielen Möglichkeiten für die unterschiedlichsten Situationen. Um deine persönliche Veränderung in der Traumszene auszulösen, kannst du dir eine eigene kreative Lösung einfallen lassen. Mit der Zeit wirst du ein Gefühl dafür bekommen und dich in dieser Fähigkeit verbessern.

Unsterblichkeit erlangen

Wieder wollte ich fliegen, doch hatte Angst davor abzustürzen. Ich dachte an die Geschichte des Nibelungenlieds und stieg wie Siegfried in eine heiße, magische Quelle, um mich zu baden und Unsterblichkeit zu erlangen. Ich merkte, wie ein silberner Film sich um mich legte. Jetzt fühlte ich mich sicher und wusste, mir konnte nichts passieren.

Du wirst dich jetzt bestimmt fragen: »Wozu soll ich unsterblich werden, wenn ich im Traum sowieso nicht sterben kann?« Die Fähigkeit der Unsterblichkeit sorgt nicht nur dafür, dass du viel mutiger wirst, sondern auch, dass deine Träume stabiler werden. Bevor du beispielsweise in einem normalen Traum gegen eine

Wand krachst, wirst du in der Regel vor Schreck aufwachen. In einem luziden Traum weißt du, dass du dich in einem Traum befindest. Trotzdem kann es passieren, dass du Angst vor solch einer Situation bekommst, weil du dich unsicher fühlst. Wenn du dich jedoch zuvor unsterblich machst, verlierst du die Angst und kannst waghalsige Stunterlebnisse – ähnlich wie ein Superheld – ohne einen Kratzer wegstecken. Du kannst dich in unglaubliche Abenteuer stürzen, ohne dich zu verletzen. Du kannst gegen starke Schurken kämpfen, ohne Schäden davonzutragen.

Es gibt unglaublich viele Wege, um im Traum unsterblich zu werden. Für den Start werden die folgenden Tipps hilfreich sein.

- Erträume dir Kleidung oder einen Anzug (ähnlich wie bei Iron Man), die dich unsterblich machen. Nutze dazu die Fähigkeit *Traumobjekte erschaffen*. Stelle dir einfach vor, dass sich im Raum nebenan ein solcher Anzug befindet. Ziehe ihn an und stürze dich in das nächste Abenteuer.
- Stelle dir vor, unsterblich zu sein, und teste es, indem du vorsichtig gegen eine Wand schlägst. Wenn deine Hand hart wie Stahl ist und die Wand nachgibt, ist das ein gutes Zeichen dafür, dass es funktioniert. Sei einfach der vollen Überzeugung, dass dir nichts passieren kann.
- Stelle dir vor, dass du – wie in einem Videospiel – Cheats benutzen kannst. Visualisiere, wie du das Spielmenü öffnest und einen Unsterblichkeits-Cheat eingibst.

Wappne dich mit der Traumfähigkeit, unsterblich zu sein, in Kombination mit Fliegen, übermenschlichem Springen und übernatürlicher Geschwindigkeit, bevor du dich in ein richtiges Abenteuer stürzt.

Verwandeln

Schon immer liebte ich die Szene, in der Harry Potter sich in ein fischartiges Wesen verwandelte. So suchte ich im Traum eine Hütte auf, in der eine Hexe lebte. Sie braute für mich einen Trank, den ich dann zu mir nahm. Wie im Film wuchsen mir Schwimmhäute und ich sprang in den nahe gelegenen Fluss.

Das Verwandeln im luziden Traum ist sehr spannend. Wenn du fliegen willst, kannst du dich in einen Vogel verwandeln. Um schneller zu schwimmen, kannst du dich in einen Delfin verwandeln oder dir Schwimmhäute wachsen lassen. Um unerkannt zu bleiben, kannst du dich in eine andere Person verwandeln oder dich unsichtbar machen. Du findest sicherlich tausend Gründe, um das Verwandeln auch einmal auszuprobieren.

- Stelle dich vor einen Spiegel. Wenn gerade kein Spiegel in der Nähe ist, dann stelle dir einfach vor, dass sich hinter dir einer befindet. Wenn du dich umdrehst, kannst du ihn meist dort finden. Betrachte dein Spiegelbild und verändere es in deine gewünschte Verwandlungsform. Anschließend steigst du durch den Spiegel und kommst mit deinem neuen Aussehen in deiner neuen Traumumgebung heraus.
- Benutze einen Zaubertrank oder eine magische Pille, die dein Aussehen in eine bestimmte Form verändern soll. Stelle dir dazu einfach vor, dass sich die Pille in deiner Hosentasche be-

findet oder im Raum nebenan liegt. Dort wirst du sie sicherlich finden.
- Drehe dich im Kreis und verwandle dich dabei. Durch die Rotation verändert sich dein Aussehen nach deinen Wünschen.

Bei Anfängern kann es oft passieren, dass sich nach der Verwandlung auch die Traumumgebung verändert. Deshalb muss anschließend eventuell eine Teleportation durchgeführt werden. Lass dich nicht unterkriegen, wenn es nicht auf Anhieb klappt. Übung macht den Meister!

Reise durch die Zeit

Ich erinnerte mich an meine Kindheit zurück und wollte meine damaligen Freunde besuchen. Hierfür drehte ich mich einfach im Kreis und stellte mir geistig bereits den Ort und die Zeit vor. Als ich aufhörte, mich zu drehen, stand ich in meinem jungen Körper vor dem Haus und der Scheune, an die ich gedacht hatte. Andreas, Philipp, Eli und Sev erwarteten mich bereits.

Beim luziden Träumen sind die physikalischen Gesetze außer Kraft gesetzt. Die Schwerkraft kann überwunden werden, sodass Fliegen möglich wird. Man kann zaubern, da die Traumwelt nicht über physikalische Kräfte, sondern über die Gedankenkraft, die nicht-physisch ist, funktioniert. Teleportation ist möglich, da keine Materie existiert, welche an Raum und Zeit gebunden ist. Die Zeit ist auch von physikalischer Natur und kann im Traum ebenfalls verändert werden.

Man kann die Zeit beeinflussen, indem man entweder in die Vergangenheit reist und Erlebnisse wiederholt oder aber noch weiter zurückgeht und sich in das Zeitalter der Dinosaurier träumt. Natürlich kann nicht nur die Vergangenheit besucht werden, sondern auch die Zukunft.

Es gibt für die Zeitreise, wie bei jeder anderen Fähigkeit auch, sehr viele Möglichkeiten. Diese Tipps sollen dir als Unterstützung dienen.

- Baue eine Zeitmaschine. Du kannst das Gerät auch mit der Fähigkeit *Objekte erschaffen* herbeiträumen. Steige in die Maschine und stelle sie beliebig ein. Vergiss nicht, den Ort auszuwählen, den du besuchen möchtest. Betätige den Schalthebel (funktionieren zuverlässiger als Knöpfe) und schon kann es losgehen.
- Erschaffe mithilfe deiner magischen Kräfte ein Portal, mit dem du durch die Zeit reisen kannst. Stelle dir erst vor, wo es hingehen soll, bevor du es passierst. Es ist auch hilfreich, Zeit und Ort als laut ausgesprochene Forderung an dein Unterbewusstsein zu richten.
- Benutze im Traum eine Analoguhr, um die Zeit zu steuern. Nutze deine magischen Kräfte, um die Uhr zurück- oder vorzudrehen.

Das war wohl einer meiner verrücktesten Träume überhaupt. Noch nie hatte ich eine so gute Traumkontrolle und Klarheit wie in dieser Nacht. Mich zog es zu einem Abenteuer auf einem fremden Planeten. Dort angekommen, kam mir eine geniale Idee. Ich sah den Planeten vom Weltraum aus und dachte an Einsteins Relativitätstheorie: Je schneller sich ein Objekt bewegt, desto langsamer vergeht dessen Zeit. Also bewegte ich mit meinen Superkräften den ganzen Planeten um seine Umlaufbahn, beschleunigte auf Lichtgeschwindigkeit und schrumpfte mich auf den Planeten. Der Himmel sah unglaublich aus. Es war, als ob er aus Licht bestand. Alles leuchtete und pulsierte. Ich wusste, ich hatte einen guten Weg gefunden, die Zeit auszutricksen, da sich der Planet jetzt unendlich schnell um seine Sonne drehte. Die Welt hier war eine ganz andere und ich konnte gar nicht genug davon kriegen, all die unbekannten Farben, Gerüche und Geschmäcker zu entdecken. Es war eine Welt voller Liebe und Frieden. Es fühlte sich an, als würde der Traum einen ganzen Monat lang dauern. Das Leben dort war ein völlig anderes und es war nicht möglich, das in Worten zu beschreiben. Ich konnte mich später gar nicht mehr an alles erinnern, weil ich dort so viel erlebt hatte. Als ich schließlich aus dem Traum erwachte, brauchte ich eine ganze Weile, um zu verarbeiten, was da passiert war.

Es stellt sich die Frage: Vergeht die Zeit im Traum genauso wie in der Wachwirklichkeit? Wissenschaftlich wurde das zwar bereits untersucht, mit dem Ergebnis, dass das Zeitgefühl im Traum in etwa der tatsächlichen Zeit im Wachleben entsprach. Doch Zeit kann sehr subjektiv empfunden werden, vor allem, wenn man sie durch bestimmte Techniken beeinflusst. Ich persönlich habe das Gefühl, dass man im Traum unglaublich viel in einer sehr kurzen physischen Zeitspanne erleben kann. Manchmal kam es mir vor, als sei ich mehrere Tage (in Fallbeispiel sogar einen Monat lang) im Traum gewesen. Die Fähigkeit des Zeitanhaltens ist also wunderbar dazu geeignet, die Länge eines Klartraumes ins Unermessliche zu ziehen. Voraussetzung dafür ist eine gute Traumstabilisierungsfähigkeit, damit du die Klarheit nicht verlierst.

Du entdeckst wahrscheinlich sehr viele Techniken, wenn du deine Kreativität einsetzt. Im Folgenden findest du schon mal drei, die sich gut bewährt haben:

- Benutze im Traum eine Analoguhr, um die Zeit zu steuern. Gebrauche deine magischen Kräfte, um die Uhr anzuhalten.
- Fliege zu einem Glockenturm und stoppe die Mechanik der Uhr, indem du ein Zahnrad mit einem Gegenstand blockierst.
- Halte mit deinen Fähigkeiten die Zeit an, sodass sich nichts mehr bewegt. Du kannst bestimmte Personen aus der Zeitstarre erwachen lassen, wenn du das willst.

Bevor es weitergeht

Die Tipps aus diesem Kapitel sollen dir als Werkzeuge dienen, um das Klarträumen so zu trainieren, dass du die volle Kontrolle erlangst und die Träume stabil werden.

Wenn du so weit bist und deine Klarträume voll im Griff hast, kannst du darin nicht nur alles erleben, was du möchtest, sondern auch damit beginnen, sie vielseitig für dein Wachleben zu nutzen. Übe diese Fähigkeiten in deinen Klarträumen, um deinen Geist zu formen und dich von limitierenden Glaubenssätzen zu befreien. Lies dich ins nächste Kapitel ein, doch starte erst mit der Praxis, wenn du die folgende Checkliste abhaken kannst.

CHECKLISTE

- ☑ Ich habe dieses Kapitel vollständig durchgelesen und verinnerlicht.
- ☐ Ich bin in der Lage, mindestens einmal in der Woche luzid zu träumen.
- ☐ Ich kann meine Träume stabilisieren und kann die 3. Ebene der Klarheit problemlos erreichen.
- ☐ Ich habe alle Traumfähigkeiten aus diesem Kapitel ausprobiert und beherrsche sie.
- ☐ Ich bin geistig flexibel und kann innere Zweifel auflösen.

Wenn du alle Kästchen abhaken kannst, dann hast du die dritte Ebene gemeistert. Du hast dir nun den folgenden Titel verdient:

Klartraum-Bändiger

5
LUZIDES TRÄUMEN ANWENDEN

Wer die Fähigkeit meistert, seine Träume zu steuern, gewinnt an Lebensqualität dazu. Nicht nur, weil man in der Lage ist, verlorene Lebenszeit zurückzugewinnen oder wilde Abenteuer zu erleben, sondern weil der Klartraum auch als Übungsplatz fürs reale Leben genutzt werden kann. Dort können wir knifflige Lebenssituationen austesten und aus ihnen lernen. Wir können Probleme aus dem Alltag lösen, unsere Persönlichkeit entwickeln, berufliche oder persönliche Fähigkeiten ausbauen, dem Körper zur Heilung verhelfen und uns spirituell weiterentwickeln. Warum sollten wir also nicht die Extrazeit im Schlaf zu unserem Vorteil nutzen? Die Möglichkeiten sind grenzenlos und sicherlich wirst du eine ganz individuelle Bereicherung für dein Leben finden.

In diesem Kapitel möchte ich dich mithilfe unserer Kursteilnehmer inspirieren und dir durch ihre Erfahrungsberichte und Anleitungen zeigen, welches unglaubliche Potenzial auch in dir steckt.

Lösungswege für Probleme und Konflikte finden

Wenn wir unsere Träume steuern können, sind wir in der Lage, uns den Problemen und Konflikten zu stellen, die uns im Alltag belasten. Dabei ist es ganz egal, wie groß das Problem ist. Im Traum kann nichts schiefgehen. Selbst wenn die Situation eskaliert, müssen wir uns vor keinen wirklichen Konsequenzen fürchten. Nutze den Traum als Spielplatz fürs Leben, um auf neue Ideen zu kommen, Sachverhalte besser zu verstehen und aus Fehlschlägen zu lernen. Ganz egal, ob es gerade darum geht, dein Hausdach zu planen, den Arbeitsplatz zu wechseln oder einen Weg aus deinen finanziellen Sorgen zu finden. Klarträume bieten dir für jedes erdenkliche Alltagsproblem eine individuelle Lösung.

Endlich! Ich träumte. Ich hatte keine Ahnung, wo ich mich befand, doch ich wusste ganz genau, was ich machen wollte. Ich holte aus meiner Hosentasche ein Stück Kreide heraus und zeichnete eine Tür an die Wand. Es war wie Magie. Aus den Türschlitzen schimmerte und leuchtete es. Ich stellte mir ganz genau vor, was ich hinter der Tür finden würde. Langsam öffnete ich sie und ging hindurch. Vor mir fand ich einen wunderschönen Spielplatz direkt in meinem Garten. Meine Kleinen tobten und hatten richtig viel Spaß. Ich sah mir die Konstruktionen an und beobachtete, was meine Kinder besonders liebten. Zurück im Wachleben wusste ich nun ganz genau, wie ich unseren kleinen Spielplatz im Garten aufbauen musste. – Martin W.

Und in der Tat, seine Kinder hatten lange ihre Freude. Für Martin war die Planung eine Herausforderung, da ihm einfach die Ideen gefehlt hatten, um den knappen Platz im Garten bestmöglich zu nutzen.

Besonders häufig geraten wir im Alltag auch mit unseren Mitmenschen in Konflikte, die uns dann tage-, manchmal sogar wochenlang im Magen liegen können. Vielleicht hast du dich mit deinem besten Freund in die Haare gekriegt, möchtest deinem Chef endlich mal deine Meinung sagen oder dein Kind wird in der Schule gemobbt. Der Klartraum kann dir bei deinen oder auch den Konflikten deiner Mitmenschen helfen.

Für eine längere Zeit hatte ich keinen engeren Draht mehr zu meiner 14-jährigen Tochter Louisa. Die Pubertät hatte uns auseinandergerissen und wir schrien uns nur noch an. Ich konnte überhaupt nicht mehr zu ihr durchdringen, ihre Schulleistungen hatten stark nachgelassen und sie war immer häufiger in Schwierigkeiten verwickelt. Eines Nachts hatte ich einen Klartraum, indem ich meinen geistigen Führer darum bat, als Psychologe zu erscheinen. Und tatsächlich, die Tipps, die ich dort erhielt, halfen meiner Tochter und mir. Ich konnte vor allem sehr stark an mir selbst arbeiten und so wieder zu meiner Tochter durchdringen. In den nächsten Monaten nahm ich immer wieder neue Stunden bei meinem »inneren Psychologen« in Anspruch. – Annika A.

Konflikte lassen sich auflösen, wenn mindestens eine Person über ihren Schatten springt und in der Lage ist, Fehler einzugestehen. Gerade im Traum kann man sich über dieses Prinzip bewusst werden und erkennen, wie man wieder Zugang zur anderen Person findet.

Etwas schwieriger sind Beziehungs- oder Eheprobleme. Doch auch hier kann man ähnlich vorgehen. Es ist auch eine gute Idee, sich einfach vom Klartraum leiten zu lassen. Vielleicht kann es helfen, dass man sich in den Partner selbst verwandelt, um seine partnerschaftlichen Bedürfnisse besser zu verstehen. Es ist sicherlich auch hilfreich, einen tieferen Blick in sich selbst zu werfen, um sich über seine Gefühle klar zu werden.

Klarträume helfen dir aber nicht nur dabei, Beziehungen zu reparieren, sondern aus ausweglosen Partnerschaften herauszufinden. So kann Trennungsschmerz besser und leichter überwunden werden.

Von außen schienen wir das perfekte Paar zu sein. Auch ich glaubte das, doch meine Träume zeigten etwas anderes. Im Inneren war ich unglücklich und fühlte mich gefangen. Das merkte ich erst so richtig in einem meiner Klarträume. Dort sprachen meine Partnerin und ich uns aus und einigten uns darauf, dass es besser für uns beide war, wenn wir Schluss machten. Noch am gleichen Tag trennten wir uns tatsächlich. Obwohl ich sehr traurig war, konnte ich durch den Traum verstehen, dass ich mit ihr nicht wirklich glücklich geworden wäre. Tief im Innersten hatte ich gewusst, was richtig für mich war. – **Mehmet C.**

Richtig verblüffend fand Mehmet das Timing und die Prophezeiung des Traumes. Welche Weisheit muss tief in uns verborgen sein? Unser Unterbewusstsein hat für jedes Problem bereits

Tausende Lösungsvorschläge parat. Unser bewusster Verstand kann diese aber viel besser annehmen, wenn wir sie in unseren Träumen vorher durcherleben.

Die folgende kleine Anleitung kann dir als Hilfe dienen, um selbst ähnliche Konflikte im Traum zu lösen. Bitte denke immer erst daran, deinen Klarheitsgrad mit Stabilisierungstechniken zu erhöhen und die Traumfähigkeiten einzusetzen, die du bereits gut beherrschst. So kannst du dich vollkommen auf die Problemlösung konzentrieren.

1. Versuche dich an einen Ort zu begeben, der mit dem Konflikt in Verbindung steht. Lasse dich einfach von dem Klartraum leiten und schau, wohin er dich führt. Sollte der Ort keinen sinnvollen Zusammenhang ergeben, solltest du trotzdem offen für die Erfahrung bleiben. Oft verstehen wir erst zu einem späteren Zeitpunkt, warum uns der Traum dort hingeführt hat.

2. Hole die Menschen in die Traumszene, die entweder direkt mit dem Problem in Verbindung stehen oder dir weiterhelfen können. Du kannst auch dein höheres Selbst um Hilfe bitten. Oft tritt es dann als bekannte oder vertraute Person in Erscheinung.

3. Formuliere deinen Wunsch als eine Art Befehl ans Unterbewusstsein. Das kann beispielsweise so lauten: »Ich erfahre jetzt, wie ich mich wieder mit Tanja vertragen kann!« Warte dann ab, was passiert, und gebe dem Traum Zeit, sich zu entfalten.

4. Lasse die Traumszenerie von deinem Unterbewusstsein führen. Versuche nicht selbst einzugreifen, sondern einfach bewusst und wach zu bleiben. Achte hier besonders darauf, den Klartraum durch regelmäßige

Stabilisierungstechniken aufrechtzuerhalten. Da du nur in der Beobachterposition bist und das Traumgeschehen von deinem Unterbewusstsein gesteuert wird, ist die Gefahr hier groß, wieder in einen Trübtraum abzudriften.

5. Schreibe dir die Erkenntnisse des Traumes unbedingt ganz genau auf. Jedes Detail kann von Wichtigkeit sein und vielleicht erst in einigen Tagen relevant für dein Leben werden. Meist ist es hilfreich, das Problem öfter im Klartraum zu behandeln und die gewonnenen Erkenntnisse miteinander zu kombinieren. Die Lösung für das Problem wirst du jedoch für dich selbst finden müssen. Hierfür gibt es leider kein Erfolgsrezept.

An deiner Persönlichkeit arbeiten

Persönlichkeitsentwicklung ist in den letzten Jahren zum Trend geworden. Immer mehr Menschen ist es wichtig, an persönlichen Schwächen zu arbeiten und Stärken zu fördern. Doch dies erfordert Zeit und innere Kraft – Dinge, die vielen im Alltag fehlen. Warum also nicht die zusätzliche Traum-Zeit nutzen, um die gelernten Techniken deines Lieblings-Coaches direkt im Schlaf umzusetzen? Oder noch besser: Wie wäre es, wenn du im Traum das »Betriebssystem« deines Gehirns umprogrammieren könntest, sodass du dein Leben komplett umkrempeln könntest – so wie ich es damals getan habe?

Ähnliches haben auch die Teilnehmer unserer Klartraum-Kurse und Seminare erlebt. Sie berichten ausnahmslos davon, dass sie eine Art »neue Beziehung« zu sich selbst aufgebaut haben. Sie gehen viel achtsamer mit sich selbst und ihrem Leben um und geben sich so automatisch mehr Raum für ihre persönliche Entwicklung. Manche Klarträumer arbeiten sogar ganz gezielt daran, bestimmte Persönlichkeitsaspekte wie Selbstbewusstsein, Selbstvertrauen oder Selbstliebe direkt im Traum zu kultivieren.

Es fehlte mir oft an Selbstbewusstsein und mein Verstand war stark auf den Glaubenssatz »Ich bin nutzlos!« getrimmt. Tagsüber fühlte ich mich unterdrückt, doch nachts war ich wieder zu allem fähig. Nach einem luziden Traum fühlte ich mich jedes Mal frei, jung, wissbegierig, abenteuerlustig und ungehemmt. Dieser energetische Zustand hielt dann noch Tage nach dem letzten Erlebnis an. Deshalb gehört das Klartraumtraining heute zu meinem festen Tagesablauf. – **Kerstin B.**

Die positiven Effekte auf die Persönlichkeit treten auch ohne zusätzliches Training ganz wie von selbst auf. Vor allem Ängste oder Selbstzweifel lassen sich sehr schnell eliminieren. In unseren nächtlichen Abenteuern haben wir nichts zu befürchten, wenn wir etwas falsch machen. Doch wir sehen, wie schön es ist, wenn wir über unseren Schatten springen, uns auf etwas Neues einlassen oder bereit sind, ein Risiko einzugehen. Wir lassen uns im Traum also automatisch darauf ein, gegenüber dem Leben offen zu sein.

Ich habe die Geburt meines Sohnes vorher klargeträumt, mit allen wichtigen Details, und gesehen, wie er gesund in meinem Arm lag. Es war eine sehr schwere Geburt, doch durch den Traum hatte ich die Kraft, das alleine zu schaffen. Denn die Ärzte hatten in sieben Stunden gerade mal eine halbe Stunde Zeit für mich. Durch das Wissen des guten Ausgangs konnte ich stark bleiben und habe es geschafft. Was mich wirklich umgehauen hat, war, dass mein Sohn in Wirklichkeit genauso aussah wie in meinem Traum. – Jennifer D.

Dank solcher Träume können wir mehr Lockerheit und Zuversicht gewinnen, anstatt uns von unseren Ängsten und Sorgen fesseln zu lassen.

Wenn wir an unserer Persönlichkeit arbeiten möchten, müssen wir unsere Gewohnheiten ändern. Diese können wir im Traum in uns installieren, indem wir ihnen auf dieser Ebene eine besondere Wichtigkeit zuteilen. Wir können sogar die tiefliegende Gewohnheiten ändern, die sich bereits zu Süchten entwickelt haben. Wir sind also nicht nur in der Lage, schlechte Angewohnheiten loszulassen, sondern können das Klarträumen auch als Heilmittel gegen beispielsweise Übergewicht oder Drogensucht einsetzen.

Ich wollte schon lange mit dem Rauchen aufhören, habe es aber nie geschafft. Daher wollte ich es mit dem Klarträumen ausprobieren. Ich unternahm also eine Zeitreise und besuchte die 70-jährige Zukunftsversion von mir, die immer noch am Rauchen war. Dieses Erlebnis hat mich schockiert. Ich konnte hautnah miterleben, welche Schäden das Rauchen bei mir hinterlassen hatte. Um mir das Gegenteil zu zeigen, schickte mich mein Geistführer dann in eine alternative Zukunft, in der ich kerngesund war. Dieses Gefühlskarussell hat mich so erschüttert, dass ich nach dem Aufwachen nie wieder eine Zigarette in den Mund nahm. Klar fehlte mir das

Rauchen anfangs, ich rauchte jedoch einfach im Traum, wenn das Verlangen zu stark wurde. Statt dass ich dadurch rückfällig wurde, motivierte es mich nur noch mehr durchzuhalten. – **Lars M.**

Im Traum können wir Dinge ausleben, die wir in der Wirklichkeit unterdrücken. Dies können nicht nur alle Arten von Süchten oder Verlangen sein, sondern auch Wut- oder anderweitige Gefühlsausbrüche. Dieses Ausleben kann eine heilende Wirkung auf uns haben. Dazu möchte ich in den nächsten Abschnitten noch etwas näher eingehen.

Lass uns noch tiefer in das Thema Persönlichkeitsentwicklung einsteigen. Im Traum ist es uns möglich, auf verborgenes Wissen zuzugreifen, das tief im Unterbewusstsein vergraben ist. Das wird so ziemlich jedem direkt nach dem ersten luziden Traum bewusst. So können wir auch auf die Informationen zugreifen, die unserem bewussten Verstand nicht mehr zur Verfügung stehen.

Ich bin 82 Jahre alt und hatte ein wunderschönes Leben. Leider merke ich, dass mein Erinnerungsvermögen mit mir gealtert ist. So viele schöne Erlebnisse habe ich schon vergessen. Das luzide Träumen hilft mir dabei, dass ich mich wieder erinnern kann. Ich erlebe in meinen Träumen einfach Dinge aus meiner Jugend noch einmal. Es erstaunt mich immer wieder, wie man so schöne Momente von früher einfach irgendwann im Leben vergisst. Meine Träume sind wie ein großes Fotobuch meines Lebens, mit dem ich jede Nacht eine neue Reise in die Vergangenheit unternehmen kann. – **Elisabeth R.**

Dieses Erlebnis zeigt ganz deutlich, wie wir auf unbewusste Sphären zugreifen können. Die meisten unserer Gedanken, Handlungen oder Gewohnheiten werden von der Schaltzentrale unseres Unterbewusstseins gesteuert. Deshalb fällt es uns so schwer, auf die gewohnten Dinge zu verzichten, die vielleicht gar nicht gut für uns sind. Unser Leben wird hauptsächlich aus dem Unbewussten gesteuert. Im luziden Traum haben wir die einzigartige Möglichkeit, direkt mit unserem Unterbewusstsein in Kontakt zu treten. So können wir negative Glaubenssätze oder schlechte Gewohnheiten schneller loswerden. Wir können unser Unterbewusstsein so umprogrammieren, dass wir unser Wunschleben anstreben können. So habe ich – wie viele andere Menschen auch – geschafft, mein Leben komplett zu verändern. Erinnere dich an meinen Erfahrungsbericht aus dem Vorwort.

Dank luzider Träume fällt es uns leichter, etwas Bestimmtes in unserem Leben zu manifestieren. Doch aufgepasst! Wir können zwar in unserem Unterbewusstsein den ersten Schritt der Veränderung setzen, doch wir dürfen nie übersehen, dass wir wahre Veränderung nur durch die richtigen Handlungen in unserem Wachleben bewirken. Klarträume können uns dabei behilflich sein, um uns genau auf diese zukunftsentscheidenden Lebensmomente vorzubereiten.

Ich bin zwar ein eher extrovertierter Mensch, aber als ein so großer und bekannter Verlag wie Droemer Knaur mich zum Vorstellungsgespräch einlud, wurde ich doch sehr nervös. Also entschied ich mich dazu, mein Vorstellungsgespräch einfach zu »proben« – und zwar im Schlaf. Ich übte meine Selbstpräsentation ein, trainierte mein selbstsicheres Auftreten und bereitete mich auf eventuelle unangenehme Fragen vor. Dabei ließ ich mich immer von unterschiedlichen Leuten interviewen. Schließlich wusste ich nicht, wer mir da im Vorstellungsgespräch gegenübersitzen würde. Mal war es die strenge Kritikerin, mal der schrullige Künstlertyp und dann wieder die ruhige Person, die nur mich reden hören wollte. Dadurch ging ich sehr viel selbstbewusster in das Gespräch … und bekam den Job! Heute, fast zwei Jahre später, freue ich mich sehr, Andreas' Lektorin zu sein und dieses Buch mit ihm verwirklichen zu dürfen, das du gerade in den Händen hältst. Es ist doch erstaunlich, wohin uns Klarträume führen können. – Michelle Hegmann

Wir sind nicht nur die Architekten unserer Träume, sondern auch unserer eigenen Zukunft. Nutze deine Träume als Trainingsort, um dich auf dein Wunschleben vorzubereiten und deinen persönlichen Bauplan dafür zu schmieden. Dazu können wir unsere Klarträume auf verschiedenste Weisen einsetzen, um unsere Persönlichkeit zu entwickeln. Ein einziger Klartraum kann dein Leben bereits inspirieren, doch wahrhaftige Veränderung wirst du erst erreichen, wenn du mehrere Klarträume geschickt miteinander kombinierst.

1. Werde dir zunächst so richtig über deine Stärken und Schwächen bewusst. Befrage dazu in deinem Klartraum dein höheres Selbst oder eine vertraute Person. Öffne dich und erlaube deinen Traumcharakteren, 100 % ehrlich zu sein. Lasse dir hierfür ruhig den ganzen Traum Zeit und lerne dich selbst neu kennen. Schreibe deine Erkenntnisse nach dem Traum auf.

2. Suche dir jetzt eine Charaktereigenschaft aus, an der du im nächsten Klartraum arbeiten möchtest. Gehe Schritt für Schritt vor und schaffe

hierfür genügend Raum und Zeit. Erlebe Klarträume, in denen du dich deinen Ängsten stellst, über deinen Schatten springst oder lernst, mit deinen Emotionen umzugehen. Hier kannst du dich bewusst in Extremsituationen begeben. Wende Schutzzauber oder dergleichen an, damit du sicher und behütet trainieren kannst. Lerne dich auf diese Weise noch besser kennen.

3. Wenn du so weit bist, kannst du damit anfangen, dein höheres Selbst nach deinem Sinn des Lebens zu befragen. Beobachte, in welche Traumszenerien du entführt wirst, und notiere dir unbedingt die Details. Erlebe mindestens fünf solche Klarträume und versuche, einen Zusammenhang zu finden. Je mehr, desto besser. Versuche in gewisser Weise deine Träume zu deuten und herauszufinden, was dein persönlicher Fixstern am Himmel ist, den du ab sofort als Lebensziel anpeilen kannst.

4. Sobald du dich auf »deinem Weg« befindest, kannst du wichtige Entscheidungen oder Lebenssituationen im Traum trainieren, um dich aufs Wachleben vorzubereiten. Wenn du zwischen zwei Entscheidungen stehst, kannst du auch beide Realitäten einmal »probeerleben«, um herauszufinden, womit du dich wohler fühlst. So kommst du in eine tiefere Beziehung zu deinem Unterbewusstsein.

Sicherlich ist die perfekte Grundlage für beruflichen Erfolg die Persönlichkeitsentwicklung. Wer aber ein echter Meister in seiner Tätigkeit werden möchte und gegenüber der knallharten Konkurrenz glänzen will, der kann Klarträume gezielt einsetzen, um sich einen großen Vorteil zu verschaffen. Dabei spielt es keine Rolle, um welches Talent es sich handelt. Indem wir unsere Träume als Übungsort nutzen, bekommen wir zum einen einen zeitlichen Vorteil und zum anderen können wir vielseitige Erfahrungen sammeln. Besonders verblüffend ist auch, dass im Traum auf verborgenes Wissen zugegriffen werden kann. Erinnere dich, wie ich für meine Bachelorarbeit ein kniffliges Problem im Traum lösen konnte. Da bin ich kein Einzelfall. Es gibt bahnbrechende Entdeckungen, die wir Klar- oder Wachträumen zu verdanken haben.

Im 19. Jahrhundert gab es eine große Problemstellung in der Chemie. Gerade bei der Anordnung der Kohlenstoffatome war man sich sehr uneinig und wissenschaftliche Berechnungen haben nicht zusammengepasst. Das verdeutlicht dieser Erfahrungsbericht, der über hundert Jahre alt ist.

Während meines Aufenthaltes in Gent, in Belgien, bewohnte ich elegante Junggesellenzimmer in der Hauptstraße. Mein Arbeitszimmer aber lag nach einer engen Seitengasse und hatte während des Tages kein Licht. Für den Chemiker, der die Tagesstunden im Laboratorium verbringt, war dies kein Nachteil. Da saß ich und schrieb an meinem Lehrbuch; aber es ging nicht recht; mein Geist war bei anderen Dingen. Ich drehte den Stuhl nach dem Kamin und versank in Halbschlaf. Wieder gaukelten die Atome vor meinen

Augen. Kleinere Gruppen hielten sich diesmal bescheiden im Hintergrund. Mein geistiges Auge durch wiederholte Gesichte ähnlicher Art geschärft, unterschied jetzt größere Gebilde von mannigfacher Gestaltung. Lange Reihen, vielfach dichter zusammengefügt; alles in Bewegung, schlangenartig sich windend und drehend. Und siehe, was war das? Eine der Schlangen faßte den eigenen Schwanz und höhnisch wirbelte das Gebilde vor meinen Augen. Wie durch einen Blitzstrahl erwachte ich, auch diesmal verbrachte ich den Rest der Nacht, um die Konsequenzen der Hypothese auszuarbeiten.« – August Kekulé (1890)[28]

So kam es zur Entdeckung des Benzolrings und dies brachte die Chemie einen großen Schritt voran. Es wird vermutet, dass auch andere große Wissenschaftler – wie Albert Einstein und Nikola Tesla – luzides Träumen oder die Macht der Visualisierung nutzten, um in einem anderen Bewusstseinszustand auf verborgenes Wissen zuzugreifen.

Besonders die Kreativität scheint durch luzide Träume sehr gut geweckt werden zu können. Einige Filmerfolge wie *Inception*, *Matrix* oder *Avatar* haben wir, wie schon erwähnt, den Klarträumern Christopher Nolan, den Wachowski-Geschwistern und James Cameron zu verdanken. Viele berühmte Schriftsteller haben sich bereits dazu geäußert, dass zumindest ihre lebhaften Träume sie zu ihren Geschichten inspiriert haben. Auch in der bildenden Kunst gibt es viele Maler, die sich ihre Träume zunutze gemacht haben sollen; so auch Salvador Dalí mit seinem Meisterwerk »Dream Caused by the Flight of a Bee«. In dem Buch »The Committee of Sleep« von Deirdre Barrett sind einige Künstler gelistet, die sich durch luzides Träumen inspirieren ließen. Es wird dich vielleicht selbst verblüfft haben, welche kreativen Welten du bereits selbst im Traum erschaffen konntest, auch wenn du bisher nichts mit Kunst am Hut hattest. Durch luzides Träumen können wir besseren Zugang zu unserer Kreativität finden und unsere künstlerische Ader entdecken. So nutzen im folgenden Erfahrungsbericht die Künstler das Klarträumen, um durch die erhöhte Bewusstheit Zugang zu ihrer Kreativität zu finden.

Unser Verständnis von Kunst ist die Expression der Individualität. Wir alle bringen etwas mit in diese Welt, was sich in der einen oder anderen Weise ausdrücken will und sich auch fortwährend ausdrückt. Diesen Ausdruck in uns zu identifizieren und auch zuzulassen, ist eine der Konsequenzen unserer Suche. Eine Suche, die uns unserem Bewusstsein zugewandt hat. Die Möglichkeit, durch Bewusstsein und die Bewusstheit das Wirken des eigenen Verstandes zu beobachten, ist für uns das Resultat fortwährender Übung. Sie ermöglicht uns, Muster und Programmierungen unseres Verstandes erst als solche zu erkennen. Wir beobachten, wie uns die Stimme in unserem Kopf zu steuern versucht: »Du musst was Schönes malen! Etwas, das die Leute feiern … dann kaufen sie das!«. Ist diese Stimme einmal erkannt, können wir sie kaum noch überhören. Ein anderer Ansatz kommt unweigerlich als Konsequenz zum Vorschein, um die eigene Expression zuzulassen. Die Expression, die nicht von »den anderen« oder »vom Verstand«, sondern durch das eigene Selbst gesteuert ist. Diese Grenzen erscheinen mehr als nur fließend. Klarträume und Astralreisen sind für uns Werkzeuge auf unserer Reise. Sie tragen für uns dazu bei, unsere Bewusstheit und Beobachtungsfähigkeit trainieren zu können.

So gelingt es uns leichter, das Ego beim Malen möglichst aus dem Weg zu räumen, um der Kreativität den nötigen Raum zu geben. Sie entwächst daraus und durch uns auf die Leinwand. Bewusst, in dem Moment. – Julia & Michael (SoulARTIST)

Nicht nur die Traumszenerie selbst kann uns inspirieren und dabei helfen, unsere Kreativität zu steigern. Allein die Beschäftigung mit luzidem Träumen oder ähnlichen Bewusstseinszuständen stoßen einen Prozess in uns an, der uns mehr und mehr Zugang zu unseren wahren Talenten und Fähigkeiten ermöglicht – dort, wo unser wahres Selbst liegt. Viele Künstler sind sich einig: Unser Verstand und unsere erworbenen Glaubenssätze können unsere Kreativität blockieren. Pablo Picasso hatte also recht mit seinem Zitat: »Als Kind ist jeder ein Künstler. Die Schwierigkeit liegt darin, als Erwachsener einer zu bleiben.«

Musik ist eine weitere Form der Kunst. Auch Mozart soll angeblich das Komponieren beim Träumen einstudiert haben. Die Beatles lassen auch vermuten, dass sie sich zumindest mit dem luziden Träumen auseinandergesetzt haben. Dies lässt sich aus einigen Songtexten (z.B. Strawberry Fields Forever) heraushören. Angeblich soll Paul McCartney die Melodie von »Yesterday« im Schlaf eingefallen sein.

Zum Musizieren gehört aber auch der Umgang mit einem Musikinstrument. Dies lässt sich ebenfalls beim luziden Träumen trainieren.

Ich hielt mir die Nase zu und merkte, dass ich durchatmen konnte. Ich freute mich auf den Klartraum und wollte das Gitarre spielen ausprobieren. Sofort veränderte sich meine Umgebung und ich stand vor einem Gebäude. Darin war ein Tonstudio und ein freund-

licher Mann begrüßte mich bereits mit einer Gitarre. Er zeigte mir ein paar Griffe, die wir gemeinsam übten. Als ich aufwachte, hat es mich überrascht, dass ich sie verblüffend gut nachspielen konnte. In meinen weiteren Klarträumen habe ich erfahren, dass dieser Mann eine Manifestation dessen war, was ich jemals in meinem Leben übers Gitarrespielen gesehen, gehört oder gelesen hatte. Eigentlich trage ich also all das Wissen in mir, doch nur im Klartraum erhalte ich direkten Zugriff darauf. So kann ich durch das Training im Traum auch in Wirklichkeit besser im Gitarrespielen werden. – **Wolfgang M.**

Es ist faszinierend, dass wir die Extrazeit unserer Träume dazu nutzen können, unseren Hobbys nachzugehen. Es bietet sich aber auch für diejenigen an, die beruflich Musik machen, um sich generell zu verbessern oder sich auf Konzerte vorzubereiten.

Dass sich Fähigkeiten im Schlaf trainieren lassen, hat der Forscher Daniel Erlacher wissenschaftlich untermauert.[29] Im Traum lassen sich auch nahezu alle Sportarten verbessern. Die geträumten Bewegungen gehen, genauso wie beim Wachsein, in das Muskelgedächtnis über. Es ist wie eine verbesserte Form des Mentaltrainings, die im Spitzensport häufig angewendet wird. Sladko Solinski nutzt seine Klarträume, um sich im Reitsport zu verbessern.[30] Er erzählt davon, wie er jeden einzelnen Schritt in Zeitlupe durchgehen könne, um die schwierigen kurzen Momente, auf die es ankommt, zu verinnerlichen. So bereitet er sich Tage vor dem Wettkampf vor, indem er mehrmals im Traum den Parcours durchgeht. Sehr beeindruckend ist, dass im Traum die Gesetze der Physik ausgehebelt werden können, um komplizierte Bewegungsabläufe auf eine Weise zu trainieren, die im

Wachleben nicht möglich ist. Außerdem bietet sich hier besonders die Gelegenheit, an seine Grenzen zu gehen, da die gefährliche Aktivität im Traum ohne Risiko durchgeführt werden kann.

Etwas spezieller, aber dennoch interessant, ist das Erlernen von Fremdsprachen im Traum. Am Anfang des Buches habe ich davon erzählt, wie ich etwas Russisch im Traum geübt hatte. Es ist verblüffend, dass andere Traumcharaktere die Sprache oft perfekt beherrschen, während im eigenen Alltag eine Sprachbarriere herrscht. An dieser kann man im Klartraum gezielt arbeiten und so seine sprachlichen Fähigkeiten verbessern. Wer also an Fremdsprachen interessiert ist oder diese vielleicht sogar beruflich ausübt, kann im Klartraum einen gut geeigneten Übungsort finden. Wir wissen ja, eine Sprache lässt sich am leichtesten direkt im Ausland lernen, weil sie dort ständig gebraucht wird. Lasse deine Träume zukünftig doch ganz bewusst in einer anderen Sprache ablaufen.

Wenn du nun auch spezielle Fähigkeiten im Traum trainieren möchtest, dann kann dir diese Anleitung als Hilfe dienen.

1. Wähle eine Fähigkeit aus, die du im Wachleben bereits ausprobiert hast oder von der du eine grobe Ahnung hast. So hast du eine gewisse Grundbasis, auf der du deine Fortschritte aufbauen kannst. Es ist nicht so effektiv, wenn du im Traum Snowboard fahren übst, obwohl du in Wirklichkeit noch nie auf dem Brett gestanden bist. Du wirst auch kaum die Weltformel im Traum entdecken, wenn du von Physik keine Ahnung hast. Es ist einfacher, wenn du die Schwierigkeiten aus dem Wachleben schon kennst und im Traum aktiv an ihnen arbeiten kannst.

2. Steige in einen Klartraum ein und bringe dich an einen geeigneten Übungsort oder an einen Ort der Inspiration. Wenn du deine sportlichen Fähigkeiten trainieren möchtest, solltest du in der Lage sein, eine Traumumgebung zu erschaffen, in der erst mal die normalen physischen Gesetze gelten. Es ist trotzdem hilfreich zu wissen, wie du die Schwerkraft oder Zeit beeinflussen kannst, wenn du an Feinheiten arbeiten willst.

3. Übe die Fähigkeit im Traum mehrmals. Auch hier lernt unser Gehirn nur durch mehrfache Wiederholung. Lasse dir die Fähigkeit, die du dir aneignen möchtest, in Fleisch und Blut übergehen. Sie soll ganz intuitiv werden. Dazu eignet es sich, wenn du deine Tätigkeit auf vielfältige Weise übst. Du kannst dein höheres Selbst um Hilfe oder Führung bitten oder auch Traumcharaktere herbeizaubern, die dich unterstützen.

4. Baue auch Fehlschläge mit ein. Im Sport können wir stürzen, am Klavier können wir uns verspielen. Im Wachleben machen wir Fehler und diese sollten wir auch im Traum machen, damit wir von ihnen lernen können und sie zukünftig vermeiden. Begib dich also hin und wieder bewusst in eine Situation, in der du scheiterst.

5. Verschmelze mit deiner Tätigkeit. Im Wachleben sprechen Tennisprofis davon, wie der Schläger ein Teil von ihnen wird. Lasse diese Metapher im Klartraum Gestalt annehmen. Werde zum Ball, werde zum Pinsel, werde zum Spanier oder zum Molekül selbst. So kannst du direkt den Flow-Zustand erreichen. Dadurch gehst du voll in der Tätigkeit auf und hast gleichzeitig die größten Trainingseffekte. Gerade für die Kunst ist dieser Punkt sehr wichtig, weil wir hierbei unseren Verstand oder das Ego beiseiteschieben und uns von unserem höheren Selbst führen lassen können.

Heilung und Gesundheit

Mittlerweile ist es jedem bekannt: Unsere Psyche ist maßgeblich für unsere Gesundheit verantwortlich. Da wir in unseren Klarträumen unser Unterbewusstsein neu verschalten können und in der Lage sind, unsere Gewohnheiten zu ändern, ist es möglich, indirekt Einfluss auf unsere Psyche zu nehmen. Dadurch können wir eine Reihe an Krankheiten oder Beschwerden direkt aus dem Traum heraus therapieren. Doch Achtung, nicht alle Menschen können jede Krankheit durch Klarträume heilen. Manche benötigen eine tiefergehende Behandlung.

Sehr viele Menschen leiden an chronischem Stress und sicherlich hast du auch mal eine Phase in deinem Leben gehabt, in der du dich überfordert gefühlt hast. Wie schön wäre es gewesen, wenn du dir im Traum eine kleine Auszeit hättest nehmen können?

In der Firma meines Mannes hatten wir immer zur Weihnachtszeit alle Hände voll zu tun. Überstunden gehörten da nun mal zur Tagesordnung und der heiß ersehnte Urlaub war noch meilenweit entfernt. Wie hätte ich das nur durchhalten können ohne meine nächtlichen Ausflüge an den Strand? In der Arbeit konnte ich regelmäßig Reality Checks einbauen und nachts träumte ich ohnehin von der Arbeit. Da war es mir ein Leichtes, mehrmals in der Woche klarzuträumen. Jedes Jahr fürchte ich mich zwar vor dem großen Stress, freue mich aber immer auf meine nächtlichen Ausflüge. – **Petra U.**

Regelmäßige Entspannung hilft dabei, dem Stress entgegenzuwirken und dich davon zu erholen. Wenn du innerlich ausgeglichen bist, schützt du dich bereits vor den meisten stressbedingten Krankheiten. Nahezu alle, die es versuchen, berichten davon, dass sie sich nach einem Klartraum besonders erholt fühlen.

Anders ist es bei Albträumen. Diese können bei manchen Personen sogar so schlimm werden, dass sie im Schlaf keine Ruhe finden und sich nicht mehr richtig erholen können. Eine Forschung hat ergeben, dass luzide Träume hierfür ein effektives Gegenmittel sind.[31] Zum einen kann der Albtraum als starkes Traumzeichen genutzt werden, um Klarträume auszulösen, und zum anderen kann der Traum seinen Schrecken verlieren, wenn wir diesen beliebig verändern können. Weiterhin bietet der Klartraum hier auch die Möglichkeit, die Ursache hinter dem Albtraum aufzudecken und so auf mögliche Traumata hinzuweisen.

Diese lassen sich wiederum durch weitere Klartraumarbeit auflösen. Erinnere dich an die Geschichte, in der ich meine Hunde-Phobie geheilt habe.

Viele Kursteilnehmer erzählten mir auch von ihren schweren Verlusten und wie sie ihre Trauer bewältigen konnten.

Als mein Mann verstarb, wohnte unsere gemeinsame Freundin drei Wochen bei mir. Es ging mir zu dieser Zeit so schlecht, dass ich kaum mehr atmen konnte. Doch dann sah ich ihn im Traum. Ich bekam sofort weiche Knie, merkte aber, dass es ein Traum war. Er sah jung, frech und gesund aus. Es tat mir so gut, ihn wiederzusehen und berühren zu können. Ich wusste, dass es ihm gut geht, wo er ist und dass ich ihn jederzeit wieder besuchen konnte, wenn ich es wollte. Am nächsten Morgen brach für mich ein neues Leben an. Der Schock und die Depression waren wie weggeblasen. Ich verlor zudem komplett die Angst vor dem Tod. – Kerstin B.

Luzide Träume bringen Erleichterung in schweren Lebenslagen und können dabei helfen, Depressionen zu bekämpfen. Das zeigt auch folgender Erlebnisbericht.

Ich wurde in der Schule gemobbt und war auch in meiner Familie eher das schwarze Schaf. Ich war schon von klein auf eher ein Rebell, habe mir ungern etwas von Eltern, Lehrern und allgemein von Autoritäten vorschreiben lassen. Das führte natürlich unweigerlich zu Problemen, die dann schließlich in Depressionen endeten. Die ertränkte ich schon als 13-Jähriger gerne im Alkohol. Als mir nach vielen Jahren klar wurde, dass sich etwas ändern musste, entdeckte ich das luzide Träumen. Das war wie eine Therapie für mich. Ich konnte innerlich aufräumen und wurde im Wachleben immer selbstbewusster und ruhiger. Probleme begann ich nun als Herausforderungen wahrzunehmen. Mittlerweile bin ich fast völlig frei von negativen Empfindungen, da es mir immer leichter fällt, das Ego zu durchschauen. So begegne ich anderen Lebewesen vermehrt mit dem Gefühl von Liebe. Ich kann definitiv sagen, dass das Thema Klarträumen mir sehr geholfen hat. – Dustin R.

Bedenke, dass zwar manche Depressionen selbst behandelt werden können, doch einige von ihnen erfordern die professionelle Hilfe eines Psychologen. Es gibt inzwischen viele Therapeuten, die das Klarträumen bereits als Medium der Psychotherapie nutzen. Darunter zum Beispiel Andrew Brylowski, der gute Erfahrungen bei der Behandlung von Borderline machte.[32]

Gerade bei psychosomatischen Erkrankungen scheint es ein großes Heilpotenzial zu geben. Ich finde es unglaublich faszinierend, dass Menschen mithilfe von luziden Träumen Krankheiten heilen oder bekämpfen können.

Obwohl ich als molekularer Biochemiker den Naturwissenschaften verschrieben bin, war mir bei meiner Diagnose der Multiplen Sklerose sofort klar, dass mir die konventionellen Therapiemethoden auf Dauer nicht helfen würden. Auch die starken Medikamente hatten immer wieder ihre Nebenwirkungen. Luzide Träume waren mir bereits bekannt und als ich von meinem Heilpraktiker einen Nova Dreamer (ein unterstützendes Gerät zur Herbeiführung von luziden Träumen) bekam, legte ich sofort los. Mit dem Gedanken, in mein Innerstes fallen zu wollen, wurde ich im Traum klar und wurde zu einem Institut geführt. Dort bat ich um Hilfe bei meiner Erkrankung und die Frau mir gegenüber fragte, ob meine Seele beteiligt sei. Ich war zunächst ratlos. Die Frau holte ein dickes Buch hervor und gab mir folgende drei nur für mich bestimmte Hinweise: Ich solle im Grenzbereich arbeiten, ich solle Kaffee zu mir nehmen und ich solle drei Liter Wasser pro Tag trinken. Als ich aufwachte, rannte ich zum PC, googelte MS in Verbindung mit Kaffee und fand eine Studie aus Australien mit positiver Wirkung. Kein Arzt hatte mir davon erzählt. Das Arbeiten im Grenzbereich ließ mich daraufhin sechs Jahre an der Fernuni Psychologie studieren, was mir letztlich half, meine Seele zu heilen. Kaffee und Wasser unterstützen die Heilung meines physischen Körpers. Ich will nicht sagen, dass jeder MS mit diesen drei Ratschlägen therapieren kann, aber für mich ist es

DIE individuelle Therapie. Und das sogar ohne Medikamente. Seit 13 Jahren jogge ich ca. 20 km pro Woche, bin sportlicher denn je und hatte nie wieder einen MS-Schub. – Oli P.

Der Klartraum kann dir dabei helfen, einen Blick nach innen zu richten, und dir zeigen, welches dein persönlicher Weg zur Heilung ist. Dr. Joe Dispenza erlebte im Alter von 23 einen Unfall, indem seine Wirbelsäule gequetscht wurde. Die Ärzte bezweifelten, dass er je wieder in seinem Leben laufen können würde. Doch obwohl er eine aufwendige Operation ablehnte, war er imstande, seine Selbstheilungskräfte zu mobilisieren und den Weg aus dem Rollstuhl zu finden. Heute hilft er anderen Menschen dabei, diese inneren Placebokräfte zu aktivieren. Zwar nicht durch Klarträume, aber durch ähnliche Visualisierungstechniken. Ich kann mir sehr gut vorstellen, dass diese Selbstheilungstechniken in Kombination mit luziden Träumen einen positiven Effekt zeigen würden.

Vielleicht ist es nicht möglich, jede Krankheit zu heilen, doch zumindest kann das Träumen dabei helfen, besser damit umzugehen. Rollstuhlfahrer berichten davon, wie sie im Traum wieder laufen können. Kriegsopfer mit fehlenden Körperteilen können sich wieder in ihrer Ganzheit wahrnehmen. Und Erblindete … nun ja, dafür spricht dieser Bericht.

Ich ging also die Treppe hinunter und plötzlich brach mein Blindenstock. Im ersten Moment war ich perplex, fast schon panisch und meine einzige Prämisse ab diesen Moment war, mir einen Ersatzstock zu besorgen. Ich ging also in die Stadt und suchte danach.

Nachdem ich mehrere Straßen entlanggelaufen war, fand ich an einer Ecke einen Verkaufsstand. Die Verkäuferin war sehr zuvorkommend, zeigte mir sogar Sonderexemplare mit Glöckchen und so weiter. Ich entschied mich nach langer Sichtung für ein Modell, das meinem zerbrochenen entsprach. Mit meinem nagelneuen Stock ging ich also tastend die Straße entlang, bis ich plötzlich dachte: »Sachma! Biste blöd?« In diesem Moment fiel mir erst auf, dass ich ja sehen konnte. Wie hätte ich denn sonst die Straße entlanglaufen können? Da wurde mir schlagartig bewusst: Ich träume! Und ich kann sehen! Vor lauter Aufregung, Freude und Euphorie bin ich dann aufgewacht.

Für mich war dieser Moment so monumental, als hätte ich einen Schlüssel gefunden, einen Weg, mir bewusst zu machen, dass ich träume, sobald ich träume. In meinen Träumen kann ich sehen und ich wäre schön blöd, wenn ich das nicht ausnutzen würde. Seither benutze ich meinen Blindenstock als Reality Check. Jedes Mal, wenn ich unterwegs bin, habe ich also die Möglichkeit, ihn einzusetzen. – **Birgit L.**

Ob du in luziden Träumen Heilung finden kannst, kann man nicht garantieren. Dies muss jeder für sich und seinen individuellen Fall herausfinden. Beachte dazu gerne diese Tipps.

1. Oft sind wir uns gar nicht bewusst darüber, welche Ursache unsere Krankheit hat. Wir setzen alles daran, unsere Symptome loszuwerden, kümmern uns aber gar nicht darum herauszufinden, warum sie auftreten. Das wäre ungefähr so, wie wenn wir bei einer brennenden Motorleuchte im Auto versuchen würden, die Lampe auszuschalten, statt im Motorraum nach dem Grund zu suchen. Nutze den Klartraum, um deine Krankheit besser zu verstehen. Lasse deinen inneren Arzt in einer

besonderen Gestalt in Erscheinung treten und dich von ihm untersuchen.

2. Manchmal sind unsere schlechten Gewohnheiten oder Verhaltensweisen für unsere Krankheiten verantwortlich. Wenn du diese erkannt hast, kannst du beginnen, an ihnen zu arbeiten. Nutze dazu die Anleitung, die du aus dem Unterkapitel *Persönlichkeitsentwicklung* kennst. Wenn die Krankheit nicht direkt etwas mit dem eigenen Verhalten zu tun hat, kann dieser Schritt übersprungen werden.

3. Erschaffe eine Traumszenerie, die dich positiv auflädt und dir eine heilende Stimmung vermittelt. Beispielsweise kannst du regelmäßig in einer heilenden Quelle baden oder in ein heilendes Licht gehen. Überlege dir hierfür etwas Eigenes, sei kreativ. Du kannst dich aber auch von deinem höheren Selbst führen lassen.

4. Nimm die getankte heilende Energie aus deinem Traum mit in deinen Alltag. Behalte sie stets bei dir. Sie wird dich schützend durch den Tag führen und dir intuitiv mitteilen, welchen Verhaltensweisen oder Tätigkeiten du nachgehen oder welche du besser meiden solltest. Tanke diese Energie in weiteren Klarträumen auf, sobald sie schwächer wird.

Spirituelle Erfahrungen

Unsere Umfragen waren sehr eindeutig. Die meisten unserer Kursteilnehmer möchten luzides Träumen dazu nutzen, um ihr wahres Selbst zu entdecken, ihr Bewusstsein zu entfalten oder spirituelle Erfahrungen zu machen. In diesem Abschnitt wird es schwierig, einzelne Argumente wissenschaftlich zu untermauern. Die Erfahrungsberichte sprechen aber für sich.

In einem Klartraum-Forum habe ich einen User kennengelernt, der ein Fernwahrnehmungs-Experiment machte. Er suchte sich einen realen Ort aus, den wir nicht kannten. Im Klartraum sollte man sich durch die Ortswechsel-Technik, die einem persönlich am meisten zusagt oder funktioniert, an jenen Ort bringen. Dann galt es, ihm zu beschreiben, was wir dort gesehen hatten, bevor er uns die Auflösung verriet. Beim 3. Versuch funktionierte es bei mir. Und das Ergebnis war durchaus interessant. Auch wenn ich nach der Teleportation nur einen sehr kurzen Blick auf den Zielort werfen konnte, waren Übereinstimmungen mit dem Ort des Experiments vorhanden. Daher konnten wir davon ausgehen, dass ich Informationen direkt aus dem Traum erhalten hatte – ohne dass ich vorher etwas über den Ort wissen konnte. – Yannick F.

Das mag vielleicht weit hergeholt klingen, doch ich habe etliche Erfahrungsberichte erhalten, die von Vorahnungen oder Fernwahrnehmungen berichten. Viele Erlebnisse aus Träumen haben sich als Visionen oder höhere Eingebungen entpuppt. Auch ich selbst habe das des Öfteren erlebt. Erinnere dich an meine

Kampfsport-Geschichte. Diese prophezeienden Träume können wir mittels Traumdeutung entschlüsseln und uns entsprechend fürs Leben vorbereiten.

Es ist auch logisch, da wir im Traum unser Unbewusstes sichtbar machen und so Warnungen oder wichtige Zeichen besser erkennen können. Nach dem Traum können wir uns zwar Gedanken machen, was er bedeuten könnte. Doch Fakt ist, dass wir erst Gewissheit darüber haben, sobald sich die Zeichen des Traumes bewahrheiten. Nutze deshalb die Traumdeutung in Verbindung mit luzidem Träumen und rufe dir deinen geistigen Führer zur Seite, um noch direkt im Traum zu erfahren, was dir dein Unterbewusstsein sagen möchte. So kannst du rechtzeitig auf Warn-Träume reagieren.

So ziemlich jeder, der sich länger mit dem luziden Träumen befasst und seinem wahren Selbst näherkommt, macht eine bewusstseinserweiternde Erfahrung. Hier berichte ich dir von meiner eigenen:

Ich erkannte den Klartraum und wurde mir bewusst, dass mein Körper gerade im Bett lag und schlief. Es war erstaunlich, denn einen Augenblick zuvor war mein »Ich« noch diese Traumperson. Nun dehnte sich das Ich-Gefühl auf den ganzen Traum aus und auf die Person, die gerade im Bett lag. Es fühlte sich an wie eine Erleuchtung. An diesem Tag war ich zwar fasziniert davon, die Traum-Täuschung aufgedeckt zu haben. Doch ich hatte die wahre Täuschung noch nicht erkannt. Dies geschah in einem späteren Traum, als mein geistiger Führer zu mir sagte: »Schau doch mal, Andi, siehst du nicht, was dir der Traum zeigen möchte?« Die Art und Weise, wie mich diese Frage energetisch berührte, sorgte für einen wahren Erleuchtungsmoment. Wenn mir das luzide Träumen zeigen möchte, wie die Realität wirklich ist, dann ist es in Wirklichkeit so, dass ich nicht die Person bin, die im Bett liegt und träumt, sondern die ganze Realität dieser Person selbst. Ich erwachte mit einem erweiterten Bewusstsein und war die Welt selbst. Es gab kein Ich, kein Ego, nur Einheit. Leider konnte ich diesen Zustand nur wenige Sekunden aufrechterhalten, doch diese Energie begleitete mich noch die nächsten Wochen und prägte mein Leben maßgeblich.

Diese Erfahrung ist nur schwer mit Worten zu beschreiben. Ich bin im Austausch mit vielen Klarträumern, die ebenfalls ein solches »Erleuchtungserlebnis« im Klartraum erfahren haben. Das Bewusstsein erweitert sich und man erkennt die Illusion des Ichs. Dieser Vorgang hilft dir dabei, grundlegende und existenzielle Fragen zu beantworten. Religiöse Menschen berichten an dieser Stelle auch, mit Gott in Kontakt getreten zu sein. Diese Erfahrung war für sie eine große Bestätigung in ihrem Glauben. Egal ob man es nun Gott, Universum oder Schicksal nennen möchte, entscheidend ist, dass der tiefere Sinn hinter dem Leben verstanden wird und man erkennt, was das wahre Selbst wirklich ist. Manche Menschen konnten durch diese Erfahrung herausfinden, was ihnen im Leben wirklich wichtig ist, und so ihre wahre Bestimmung entdecken.

Schon als Kind faszinierte mich die mysteriöse Welt der Träume. In meinem ersten luziden Traum, welchen ich eher unkontrolliert erlebte, überwältigte mich ein Gefühl von grenzenloser Freiheit. So sehr, dass ich von da an alles dafür tat, um die Kunst des luziden Träumens zu erlernen und es möglichst jede Nacht zu erleben. Im Laufe der Jahre durfte ich in meinen Träumen Erlebnisse erfahren, die sich jeglicher Vorstellungskraft entziehen und sich bis heute positiv auf mein Leben auswirken. Denn durch ein kontrolliertes Bewusstsein im Traum erlangt man auch die Fähigkeit, ein bewusstes und achtsames Leben in der Realität genießen zu können. In einer dieser Erfahrungen offenbarte sich mir meine Lebensaufgabe: Ich erhielt die Vision einer Technologie, die es jedem Menschen ermöglicht, Bewusstseinszustände auf Knopfdruck einzuleiten. Ebenso das luzide Träumen und Astralreisen. Angetrieben von meiner Leidenschaft, machte ich mich also sofort an die Arbeit und realisierte zusammen mit meinem Team diese Idee unter dem Namen »AWAVE«. Ich fand somit durch die Welt der Traum- und Bewusstseinsforschung in diesem Projekt den Sinn meines Lebens, nach welchem ich all die Jahre gesucht hatte. Mein Traum wurde zur Realität. – **Florian Schüssler**

Es gibt noch eine direktere Art, um hinter die Kulissen des Physischen zu blicken und zu erfahren, was das wahre Selbst wirklich ist. Dieser Zustand wird Astralreise oder außerkörperliche Erfahrung genannt. Darin haben wir noch leichteren Zugang zu Fernwahrnehmungen, Visionen oder zum höheren Selbst.

Ich hatte einige »Austritte« und es war immer in absoluter Klarheit, viel klarer als die Erfahrung im Körper. Es war, als ob ich eine geheime Tür öffnete, durch die nur ich gehen konnte. Bei einer dieser Astralreisen nahm ich mich nachts zunächst liegend auf dem Bett wahr. Gab den Befehl herauszutreten und drehte mich wie ein Pro-

peller. Das war unangenehm. Ich ging in die Liegeposition zurück und sagte: »Senkrecht heraus.« Ich schwebte in der Luft und freute mich schelmisch. Dann wurde ich durch einen unwiderstehlichen Sog am Rücken durch die Wand nach draußen gezogen, spürte und roch die Schichten des Mauerwerks. Flog dann im Wahnsinnstempo mit einer Art Windrauschen in den Ohren eine Straße lang. Ich war vollkommen verblüfft. Meine Seele hatte meinen Körper verlassen, ich nahm die Welt so wahr, wie sie wirklich ist, und fühlte mich ganz leicht und frei. – Sandra N.

Eine Astralreise ist die ultimative spirituelle Erfahrung, die wir direkt aus einem luziden Traum erzeugen können. Sie ist die Eintrittskarte zu einer erweiterten Wahrnehmung unserer Existenz. Dieser Zustand könnte sich so erklären: Wir tauchen noch tiefer durch die Ebene des Unterbewusstseins, bis hin zum kollektiven Unbewussten (nach C. G. Jung), wo alles mit allem verbunden ist. Dieser Ort wird in alten spirituellen Lehren auch als *Akasha-Chronik* bezeichnet und soll uns mit dem Informationsfeld des gesamten Universums verbinden. Menschen, die eine Nahtoderfahrung machen, erleben etwas sehr Ähnliches. Auch sie können »hinter den Horizont« blicken, ihren Körper verlassen und eine transformierende Erfahrung durchleben.

Wenn du Klarträume in eine Astralreise verwandeln möchtest, kannst du diese Anleitung ausprobieren.

1. Begib dich in einen luziden Traum. Erteile deinem Unterbewusstsein den Befehl: »Ich erlebe jetzt eine Astralreise!« Im gleichen Zuge teleportierst du dich von deinem aktuellen Traum-Ort zu deinem Schlafzimmer. Im luziden Traum kann es jetzt entweder sein, dass du deinen schlafenden

Körper im Bett siehst oder das Bett leer ist. Lege dich einfach hinein – wenn möglich auch direkt in den schlafenden Körper. Es kann passieren, dass du dann entweder ein falsches Erwachen erlebst oder wirklich leicht erwachst. Bleibe entspannt, bewege dich dabei nicht.

2. Erzeuge einen tiefen OM-Laut. Du musst die Vibration des Lautes im ganzen Oberkörper spüren. Versuche diesen Laut im luziden Traum zu erzeugen, wenn du im Bett liegst. Das erhöht den Schwingungszustand und kann dich so in die astrale Ebene heben. Wichtig ist, dass du den Laut dann im Schlaf nicht tatsächlich physisch ausführst, sondern ihn dir möglichst real vorstellst und die Vibration dabei spürst.

3. So lässt sich ganz einfach der Schwingungszustand herbeiführen. Du kannst dann damit beginnen, deinen Astralkörper zu aktivieren und mit bestimmten Austrittstechniken aus deinem physischen Körper auszusteigen. Bedenke aber, dass auch hier viel Übung dazugehört. Es ist eine Gratwanderung. Manchmal bleibst du im luziden Traum, wenn der OM-Laut zu schwach war, und manchmal erwachst du, wenn er zu stark war. Die richtige Balance ist hier entscheidend.

Astralreisen lassen sich auch ohne Klarträume auslösen. An dieser Stelle noch tiefer in die Thematik einzutauchen würde den Rahmen dieses Buches sprengen. Zum Astralreisen habe ich ein eigenes Buch geschrieben, mit Tipps, Tricks und Anleitungen, wie du es selbst auslösen kannst. Im Anhang dieses Buches findest du außerdem noch weiterführende Informationen zu diesem Thema.

So geht es jetzt für dich weiter

Wenn du nun in der Lage bist, deine Klarträume zu nutzen und sie für dein Wachleben einzusetzen, dann bin ich unglaublich stolz und wahnsinnig dankbar. Du hast dir diese Fähigkeit beigebracht und zeigst damit der Gesellschaft, dass wir alle in der Lage sind, mehr aus uns herauszuholen und eine neue Bewusstseinsfunktion in uns nutzen können.

An dieser Stelle soll deine Reise jedoch keinesfalls enden. Es gibt IMMER Neues zu entdecken und wir können unser geistiges Potenzial immer weiter ausdehnen. Unser Bewusstsein ist die Unendlichkeit. Wie nah können wir an diese Unendlichkeit heranstoßen? Die Traumyogis sprechen von einem vollbewussten Licht-Traum, indem Non-Dualität herrscht und kein Subjekt und kein Objekt existiert. Dies ist die letzte Stufe, die der Klartraum-Meister erreichen kann. Ein Zustand voller Erleuchtung, in dem keine Trauminhalte mehr existieren, da sich alles Karma aufgelöst hat. Dies ist der Urgrund des Seins, da das Bewusstsein alles umfasst, was IST.

Zum Abschluss des Kapitels kannst du hier noch die Checkliste abhaken, um zu prüfen, ob du auch alle Praxistipps dieses Buches erfolgreich absolviert hast.

CHECKLISTE

- ☑ Ich habe dieses Buch gründlich gelesen und verinnerlicht.
- ☐ Ich kann Klarträume jederzeit auslösen.
- ☐ Ich kann das Traumgeschehen vollständig kontrollieren.
- ☐ Ich kann den luziden Zustand immer aufrechterhalten.
- ☐ Ich setze meine Klarträume ein, um mein Wachleben zu bereichern.

Wenn du alle Kästchen abhaken kannst, dann hast du die vierte Ebene gemeistert. Du hast dir nun den folgenden Titel verdient:

Klartraum-Meister

SCHLUSSWORTE

Wenn du bereits deine ersten Klartraumerfolge erzielen konntest, dann gratuliere ich dir von ganzem Herzen. In diesem Buch habe ich dir all das wichtige Wissen, das du brauchst, möglichst komprimiert und verständlich aufbereitet. Es soll dir weiterhin als Nachschlagewerk dienen, wenn du bestimmte Fähigkeiten ausbilden möchtest, Inspiration suchst oder gerade in einem Trainingsplateau steckst. Wenn du kontinuierlich dranbleibst, kannst du mit regelmäßigem Training irgendwann in der Lage sein, jeden deiner Träume bewusst zu steuern. Solltest du bis jetzt noch keinen Klartraum erlebt haben, dann lasse dich auf keinen Fall entmutigen. Wie lange es bis zu deinem ersten Klartraum dauert, ist von unzähligen Faktoren abhängig. Dazu zählt beispielsweise deine Lernbereitschaft, Disziplin sowie dein Durchhaltevermögen. Zudem kann der Erfolg auch von deiner Alltagsbeschäftigung abhängig sein. Was ebenfalls nicht zu unterschätzen ist, sind limitierende Glaubenssätze, die deinen Geist starr halten.

Gerne kannst du auch einen unserer Klartraumkurse besuchen, die wir kostengünstig anbieten, oder an einem unserer Gratis-Webinare teilnehmen, in dem ich dir unterstützend zur Seite stehe. Alle Infos dazu findest du hier:

Wichtig ist vor allem, dass du dranbleibst und nie die Hoffnung verlierst. Dann ist es lediglich eine Frage der Zeit, bis auch du deine ersten Klarträume erlebst. Früher oder später wird sich die Mühe lohnen und du wirst die Früchte ernten können.

Trage dazu bei, die Menschheit auf eine neue Bewusstseinsstufe zu heben!

ANHANG

Schlafparalyse

Bei einer Schlafparalyse hat die betroffene Person das Gefühl, dass der komplette Körper paralysiert ist. Man kann diesen also nicht bewegen. Nicht selten erfährt man dann auch Halluzinationen. Man sieht, fühlt, riecht und spürt Dinge, die nicht vorhanden sind. Oft hat man auch das Gefühl, dass sich eine fremde Person im Raum befindet, was vielen Menschen nicht selten regelrechte Todesangst einjagen kann.

In diesem Abschnitt erkläre ich dir, warum eine Schlafparalyse auftritt, wie du sie mit simplen Tricks beenden kannst und wie du vorsorglich Maßnahmen treffen kannst, damit du gar nicht erst in eine Schlafparalyse verfällst.

Vielleicht kommt dir der eben beschriebene Zustand bekannt vor und du hast genau das schon mal erlebt. Vielleicht wusstest du zu diesem Zeitpunkt nicht, was da genau passiert ist. Möglicherweise haben andere auch gesagt, es sei nur ein böser Traum gewesen, und du hast dich nicht verstanden gefühlt. Wenn das so ist, dann brauchst du dir keine Sorgen zu machen. Jetzt weißt du, dass du nicht die einzige Person bist, der so etwas widerfahren ist. Genauer gesagt passiert das sogar jedem Menschen in jeder Nacht, in der er schläft – und das mehrere Male. In den meisten Fällen nimmt man diesen Zustand jedoch nicht bewusst wahr.

Die Schlafparalyse ist ein Schutzmechanismus, den dein Gehirn einleitet. Somit werden Nervenbahnen lahmgelegt, damit

Bewegungen, die du im Traum ausführst, nicht auf deinen Körper übertragen werden. Die Schlafparalyse erlaubt dir also die wildesten Abenteuer zu erleben, während du seelenruhig im Bett liegst und schläfst.

Merke dir also:
Die Schlafparalyse ist nichts Schlechtes, sondern etwas Gutes!

Nun kann es aber vorkommen, dass man beim Aufwachen noch nicht vollständig aus der Schlafparalyse ausgetreten ist und sie deshalb für eine kurze Zeit ganz bewusst wahrnehmen kann. Wenn man natürlich nicht weiß, womit man es hier zu tun hat, ist man schockiert darüber, dass man seinen eigenen Körper nicht bewegen kann.

Dadurch, dass sich das Gehirn teilweise noch in einem anderen Bewusstseinszustand befindet, kann sich Traum und Realität miteinander vermischen. Hierbei können Halluzinationen erlebt werden.

Dass viele Menschen in einer solchen Situation mit Angst reagieren, macht alles nur noch schlimmer. Man beginnt, gruselige Visionen zu erleben, verfällt in eine regelrechte Angststarre und die Schlafparalyse bleibt bestehen. Man kann nicht sprechen, ist verwirrt und fühlt sich hilflos.

Es gibt aber überhaupt keinen Grund, Angst zu haben. Die Schlafparalyse ist vollkommen ungefährlich und dir kann dabei nichts passieren.

Damit du das nächste Mal darauf vorbereitet bist, wenn du eine

Schlafparalyse bewusst erlebst und du sie sofort abbrechen möchtest, habe ich im Folgenden ein paar Tipps für dich.

1. KONZENTRIERE DICH AUF EINE BEWEGUNG DES KÖRPERS

Während der Schlafparalyse bist du nicht in der Lage, deine große Muskulatur zu bewegen. Die neuronalen Verbindungen zu diesen Muskelgruppen sind besonders gut durch die Paralyse geschützt. Anders sieht es aber bei sehr kleinen Muskelgruppen aus. Konzentriere dich deshalb auf die Bewegung deiner Zehen, deiner Finger oder deiner Nasenflügel. Die Paralyse ist an diesen Stellen meistens schwächer. Verstärke die Bewegung immer weiter, bis du auch die großen Muskelgruppen von der Paralyse befreien kannst.

2. BEWEGE DEINE AUGEN

Deine Augenmuskulatur ist nicht von der Paralyse betroffen. Du wirst also die volle Kontrolle über sie haben. Einige Menschen berichten davon, dass schnelle Augenbewegungen von einer Richtung zur anderen die Schlafparalyse stoppen kann. Du kannst aber auch versuchen, langsam ganz weit nach links und dann nach rechts zu schauen. Probiere aus, ob du mit der Zeit deinen Kopf mitbewegen und so der Paralyse entfliehen kannst.

3. ACHTE AUF DEINE ATMUNG

Ähnlich wie bei deinen Augen ist deine Atmung ebenfalls nicht von der Schlafparalyse betroffen. Es kann also hilfreich sein, wenn du auf deine Atmung achtest und eine Atemtechnik durchführst. Probiere, ruhig und gelassen zu atmen, damit du entspannter wirst. Du kannst aber auch versuchen, deine Luft für eine kurze Zeit anzuhalten. Deinem Körper wird so signalisiert, dass die Sauerstoffzufuhr fehlt und du sofort in deinen normalen Bewusstseinszustand versetzt werden musst. Das ist quasi ein Überlebensreflex.

4. FLÜSTERN

Sprechen ist bei einer Schlafparalyse nicht möglich, da auch die Gesichtsmuskeln und die Zunge gelähmt sind. Da man aber die Atmung kontrollieren kann, kann man auch ohne Zunge versuchen, Laute von sich zu geben. So kann man wenigstens einige Töne von sich geben, mit welchen man entweder seinen Partner auf sich aufmerksam machen kann oder durch die sich die Zunge mit der Zeit von selbst lockert. Dadurch kann man schnell wieder normal sprechen und die Schlafparalyse hebt sich auf. Summen oder Husten kann ebenfalls hilfreich sein.

5. ENTSPANNE DICH

Die Schlafparalyse an sich ist eigentlich harmlos. Das Schlimme daran ist, wie du auf sie reagierst. Viele Menschen sind dabei, wie schon erwähnt, eher ängstlich. Deine Geisteshaltung bestimmt jedoch auch, mit welchen Emotionen die Halluzinationen gefärbt sind. Wenn du panisch bist, wirst du regelrechten Horrortrips ausgesetzt. Das passiert aber nicht, wenn du ganz entspannt auf eine Schlafparalyse reagierst. Bei den meisten Menschen ist es die Unwissenheit, die für ihre Ängste sorgt. Versuche, den Zustand zu genießen, und fühle dich wohl dabei. Du weißt ja jetzt, dass dir nichts passieren kann. Fixiere dich auf das Hier und Jetzt. Oft kannst du dann wohltuende Schwingungen spüren, die durch dich hindurchgleiten. Das fühlt sich an, als ob du mit Energie durchströmt werden würdest. Verbleibe einfach in diesem Zustand, bis er sich ganz von selbst auflöst. Somit hast du sogar die Chance, starke Glücksgefühle zu empfinden, statt absolute Horrortrips zu erleben.

Mit diesen fünf Tipps bist du also gut dafür gewappnet, um aus einer Schlafparalyse herauszukommen. Obwohl es sich um ein sehr seltenes Erlebnis handelt, gibt es doch Menschen, die die Paralyse relativ häufig erfahren. Manchmal sogar mehrmals im Monat. Im Folgenden möchte ich dir daher noch ein paar Tipps mit auf den Weg geben, um die Chance auf eine Schlafparalyse so gering wie möglich zu halten.

1. HABE KEINE ANGST DAVOR

Oft ist es so, dass eine Schlafparalyse auftritt, wenn man Angst davor hat und beim Schlafengehen verstärkt daran denkt. Da du jetzt aber weißt, wie du die Schlafparalyse abbrechen kannst, musst du keine Angst mehr davor haben.

2. SCHLAFE SEITLICH

Die meisten Menschen berichten, dass sie sich meist in der Rückenlage befinden, wenn sie die Schlafparalyse bewusst erleben. Also scheint es auf irgendeine Art und Weise damit zusammenzuhängen. Du kannst ein oder zwei Tennisbälle zwischen Rücken und Nachthemd befestigen, sodass du dich nachts unmöglich auf den Rücken drehen kannst und somit der Schlafparalyse aus dem Weg gehst.

3. REDUZIERE STRESS

Stress kann ebenfalls ein Auslöser für die Schlafparalyse sein. Achte also darauf, dass du deine Mitte findest. Beschäftige dich bewusst mit dir selbst und gib auf dich acht. Treibe Sport, mache alles in Maßen und der Stress wird mit der Zeit weniger werden.

4. SCHLAF OPTIMIEREN

Ein gestörter Schlafrhythmus kann ebenfalls Schlafparalysen auslösen. Beachte also, dass du genügend Schlaf bekommst und ihn so optimierst, dass du dich ausgeschlafen fühlst. Tipps dazu findest du in Kapitel 2, *Luzides Träumen vorbereiten*.

5. WENN NICHTS HILFT, SUCHE EINEN ARZT AUF

Die Schlafparalyse kann in seltenen Fällen auch ein Symptom für bestimmte Krankheiten wie zum Beispiel Narkolepsie sein. Sprich doch mal mit einem Arzt darüber und lasse deinen Körper gründlich untersuchen. Aber keine Sorge, so etwas ist eher unwahrscheinlich und kommt nur in Extremfällen vor.

Astralreisen

Luzide Träume bieten eine Abkürzung für einen tieferen meditativen Bewusstseinszustand. In diesem hat man das Gefühl, dass man seinen physischen Körper verlässt und mit einem weiteren feinstofflichen Körper, dem sogenannten Astralkörper, auf Reisen gehen kann.

Dann werden verrückte Dinge möglich. Anders als beim Traum kann man bei einer Astralreise seine Umgebung nicht immer direkt beeinflussen. Weiterhin hat man den Eindruck, eine Art Paralleluniversum zu bereisen. Erlebnisse dieser Art können so eindrucksvoll sein, dass man danach tatsächlich von einem Leben nach dem Tod überzeugt ist, man davon spricht, erleuchtet worden zu sein oder seine Seele wahrgenommen und mit dieser seinen Körper verlassen zu haben. Leider ist dieses Phänomen, das allgemein unter dem Begriff *außerkörperliche Erfahrungen* bekannt ist, noch sehr unerforscht. Ähnlich wie luzides Träumen kann auch das Astralreisen erlernt werden. Auch ich habe mir diese Fähigkeit beigebracht. Wie ich meine erste Astralreise erlebte, schildere ich dir im Folgenden.

Ich erwachte aus einem Traum, als ich einen lauten Knall hörte. Ein wenig erschrocken fühlte ich, wie mein erhöhter Herzschlag das ausgeschüttete Adrenalin durch meinen Körper pumpte. Der rasante Anstieg ließ aber auch sofort wieder nach, da ich der Meinung war, es mir nur eingebildet zu haben. Dies ist bei mir nichts Ungewöhnliches. Ähnliches passiert öfter, wenn ich zuvor Kaffee oder andere koffeinhaltige Getränke getrunken hatte. Ich wurde also schnell wieder müde und versuchte, nach diesem kurzen Schock, direkt wieder einzuschlafen. Kurz vor dem Einschlafen merkte ich, dass sich mein Körper etwas eigenartig anfühlte. Ich konnte mich nicht bewegen und war in einer Schlafparalyse. Ich hatte das Gefühl, dass meine Beine sich zusammenzogen und dann wieder dehnten. Dieses Gefühl war angenehm und bekam im letzten Moment, bevor ich einschlief, meine volle Aufmerksamkeit. Mit dieser Aufmerksamkeit wurde ich noch mal aus dem Halbschlaf gezogen und war nun bei vollem Bewusstsein. Je mehr ich das Gefühl beachtete, desto mehr verteilte es sich in meinem Körper. Es war nun aber eine Art Pulsieren. Ich versuchte mich zu bewegen, doch es gelang mir nicht. Mein Körper fühlte sich an, als würde er vibrieren. Im Takt dazu hörte ich auch vibrierende, knallende Geräusche in meinem Kopf. Ich wusste, dass das keine tatsächlichen Geräusche waren. Trotzdem waren sie da und hatten auch irgendwo ihren Ursprung. Ich konnte nichts dagegen unternehmen. Ich war wie ausgeliefert und gab mich dem Gefühl hin. Es war ein sehr chaotischer Bewusstseinszustand, der sich irgendwie aber auch gut anfühlte. Ehrlich gesagt sogar richtig gut. Ich streckte meine Arme aus. Ich konnte sie sehen, obwohl meine Augen geschlossen waren. Ich konnte sehen, wie ich sie bewegte und sogar strecken konnte. Ich konnte sie länger machen, als sie eigentlich waren, und mit ihnen die Zimmerdecke berühren. Als ich meine Aufmerksamkeit auf die Zimmerdecke richtete, merkte ich, dass meine Perspektive sich änderte. Ich hatte nun das Gefühl, mich oben an meiner Zimmerdecke zu befinden. Ich schwebte quasi hoch zu dieser Position. Ich wusste noch nicht so recht, was mit mir geschah. Die Schwingungen und Geräusche ließen nach und ich war wieder in einem stabilen Bewusstseinszustand. Allerdings lag ich nicht in meinem Bett, sondern hatte den kompletten Blick von oben auf mein Schlafzimmer gerichtet. Was dann geschah, ließ mir einen kalten Schauer über den Rücken laufen: Aus dieser Position konnte ich mich selbst im Bett liegen sehen. Ich dachte erst, ich sei gestorben. Ich schlief da unten aber ganz gemütlich, als ob nichts wäre. In meinem Zimmer war alles an Ort und Stelle. Es war das tatsächliche Abbild der Realität. Als ob ich selbst als Kamera auf mein Zimmer gerichtet gewesen wäre. Sofort schossen mir tausend Gedanken auf einmal durch den Kopf. In erster Linie fühlte ich mich überwältigt. Diese intensive Erfahrung und das Erstaunen, meinen eigenen Körper schlafend im Bett liegen zu sehen, führte zu einem starken Sog. Meine Perspektive änderte sich wieder und bewegte sich zurück in Richtung Körper. Ich streckte Arme und Beine aus, um mich vor dem Aufprall zu schützen. Doch es waren nicht meine tatsächlichen Arme und Beine. Ich besaß einen weiteren Körper. Ohne Schmerz zu verspüren, merkte ich, wie sich dieser zweite Körper an meinen physischen Körper schmiegte und ich die Kontrolle über diesen wiedererlangte. Ich öffnete meine Augen. Mein Herz fing an zu pochen. Ich begann zu schwitzen. Aber vor allem schüttete ich Endorphine aus. Die Aufregung und Angst, die ich verspürte, war sofort weg. Glücksgefühle breiteten sich im ganzen Körper aus. Ich war hellwach. Die nächsten Minuten verbrachte ich damit, diese Erfahrung einzuordnen und meine Gedanken an mein neues Weltbild anzupassen. Ich wusste sofort, dass wir Menschen mehr sind, als wir denken. Ich wusste sofort, dass es einen Sinn des Lebens gibt, der weiter geht, als wir es uns jemals vorstellen könnten. Ich wusste sofort, dass man keine Angst vor dem Tod haben muss. Und das war noch nicht alles. Auch Tage danach beschäftigte mich die außerkörperliche Erfahrung noch. Meine Synapsen mussten neu verschaltet werden und ich gewann eine Erkenntnis nach der anderen. Ich würde sagen, dass dieses Erlebnis meine Sicht auf die Welt stark verändert hat. Ich fühlte mich weiterentwickelt, ich konnte mich selbst besser verstehen, und ich durfte eine wertvolle spirituelle Erfahrung machen.

Das ist nur ein kleiner Teil der Möglichkeiten, die man bei einer außerkörperlichen Erfahrung erleben kann. Wie du erfahren hast, war das Tor zur Astralreise die Schlafparalyse. Die Schlafparalyse bewusst zu erleben ist nicht ganz einfach. Mit dem luziden Träumen kann man jedoch eine Abkürzung nehmen. Wenn du dir im Traum bewusst bist, kannst du aus dem Traum aussteigen und zu deinem Bett zurückkehren. Dabei muss der Körper immer noch im Schlaf verweilen. Die Schlafparalyse bleibt also hierbei bestehen. Somit erreicht man den Zustand eines wachen Verstandes, während der Körper schläft. Jetzt kann man mit weiteren Techniken den Körper verlassen und sich auf bewusstseinserweiternde Reisen begeben.

Wenn du mehr darüber erfahren möchtest, dann schaue dir doch auf der folgenden Internetseite unseren kompletten Guide zum Erlernen von Astralreisen an. Dort zeige ich dir Schritt für Schritt, wie du dabei vorgehen musst. Du kannst dich auch für einen unserer kostenlosen Astralreisen-Webinare registrieren, in der wir gemeinsam eine Turbo-Technik ausprobieren, in der ich dich anleite. So kannst du mit etwas Glück schon sehr schnell das Astralreisen erlernen. Ich freue mich auf dich!

Anmerkungen

[1] Brigitte Holzinger: Der luzide Traum: Forschung und Praxis. 2014. S. 26.

[2] Andreas Mavromatis: Hypnogogia. The Unique State of Consciousness Between Wakefullness and Sleep. 2013. S. 96.

[3] Tenzin Wangyal Rinpoche: Übung der Nacht – Tibetische Meditationen in Schlaf und Traum. 2001. S. 11 f.

[4] Frederik van Eeden: A Study of Dreams. In: Proceedings of the Society for Psychical Research. Vol. 26. 1913. S. 431–461.

[5] Paul Tholey: Klarträume als Gegenstand empirischer Untersuchungen. In: Gestalt Theory. 1980. S. 175–191.

[6] Paul Tholey, Kaleb Utecht: Schöpferisch träumen. 1997. S. 61 f.

[7] Michael Schredl, Daniel Erlacher: Lucid dreaming frequency and personality. In: Personality and Individual Differences. 2004. S. 1463–1473.

[8] Brigitte Holzinger: Der luzide Traum: Forschung und Praxis. 2014. S. 11.

[9] Jayne Gackenbach, Jane Bosveld: Herrscher im Reich der Träume. Kreative Problemlösungen durch luzides Träumen. 1991. S. 215 f.

[10] Brigitte Holzinger: Der luzide Traum: Forschung und Praxis. 2014. S. 84 f.

[11] Voss, Holzmann, Tuin, Hobson: Lucid dreaming: a state of consciousness with features of both waking and non-lucid dreaming. In: Sleep. 2009. S. 1191–1200.

[12] Voss, Holzmann, Hobson, Paulus, Koppehele-Gossel, Klimke, Nitsche: Induction of self awareness in dreams through frontal low current stimulation of gamma activity. In: Nature Neuroscience. 2014. S. 810.

[13] Stephen LaBerge: Lucid dreaming: An exploratory study of consciousness during sleep. Dissertation. Stanford University. 1980.

[14] Konkoly, Appel, Chabani, Mangiaruga, Gott, Mallett, Caughran, Witkowski, Whitmore, Berent, Weber, Türker, Leu-Semenescu, Maranci, Pipa, Arnulf, Oudiette, Dresler, Paller: Real-time dialogue between experimenters and dreamers during REM sleep. In: Current Biology. 2021. S. 1417 f.

[15] Voss, D'Agostino, Kolibius, Klimke, Scarone,Hobson: Insight and Dissociation in Lucid Dreaming and Psychosis. In: Front Psychology. 2018.

[16] Alpträume und Schizophrenie bekämpfen – Forschung nutzt Klarträume. In: Salzburger Nachrichten. Aufgerufen am 13. 09. 21. https://www.sn.at/leben/gesundheit/alptraeume-und-schizophrenie-bekaempfen-forschung-nutzt-klartraeume-2193202

[17] Klarträume: Lebe deinen Traum. In: dw > Wissen und Umwelt. Aufgerufen am 13. 09. 21. https://www.dw.com/de/klartr%C3%A4ume-lebe-deinen-traum/a-50577408

[18] Besser schlafen durch Sport. In: HKK Krankenkasse. Aufgerufen am 11. 09. 21. https://www.hkk.de/themen/schlafen/besser-schlafen-durch-sport

[19] Pietilä, Helander, Korhonen, Myllymäki, Kujala, Lindholm: Acute Effect of Alcohol Intake on Cardiovascular Autonomic Regulation During the First Hours of Sleep in a Large Real-World Sample of Finnish Employees: Observational Study. In: JMIR Ment Health. 2018.

[20] Heuvel, Ferguson, Dawson: Attenuated thermoregulatory response to mild thermal challenge in subjects with sleep-onset insomnia. In: National Library of Medicine. Sleep. 2006.

[21] Zsuzsanna Bárkai: Der Einfluss von Nikotin auf den Schlaf. Inaugural-Dissertation aus der Universitätsklinik für Psychiatrie und Psychosomatik der Albert-Ludwigs-Universität. 2008.

[22] Lunn, Blask, Coogan, Figueiro: Health consequences of electric lighting practices in the modern world: A report on the National

Toxicology Program's workshop on shift work at night, artificial light at night, and circadian disruption. Science of The Total Environment. 2017. S. 607 f.

[23] Emmons, McCullough: Counting blessings versus burdens: an experimental investigation of gratitude and subjective well-being in daily life. In: National Library of Medicine. Clinical Trial > J Pers Soc Psychol. 2003. S. 377 f.

[24] 2 Laborde, Hosang, Mosley, Dosseville: Influence of a 30-Day Slow-Paced Breathing Intervention Compared to Social Media Use on Subjective Sleep Quality and Cardiac Vagal Activity. In: Journal of Clinical Medicine. 2019.

[25] Julian Mutz, Amir-Homayoun Javadi, Exploring the neural correlates of dream phenomenology and altered states of consciousness during sleep. In: Neuroscience of Consciousness. 2017.

[26] Peter Duus: Neurologisch-topische Diagnostik. 1990.

[27] Abeln, Kleinert, Strüder, Schneider: Brainwave entrainment for better sleep and post-sleep state of young elite soccer players – a pilot study. In: Eur J Sport Sci. 2014.

[28] Rede von August Kekulé 1890 (25 Jahre Benzolfest). In: SGIPT – Internet Publikation für Allgemeine und Integrative Psychotherapie. Aufgerufen am 13. 09. 21. https://www.sgipt.org/wisms/geswis/chem/kek1890.htm

[29] Daniel Erlacher: Motorisches Lernen im luziden Traum: Phänomenologische und experimentelle Betrachtungen. Inaugural-Dissertation. In: Uni Heidelberg. 2005.

[30] Paul Tholey, Kaleb Utecht: Schöpferisch träumen. 2008.

[31] Zadra: Nightmares and bad dreams: their prevalence and relationship to well-being. Dissertation. In: McGill University. 1995.

[32] Brigitte Holzinger: Der luzide Traum: Forschung und Praxis. 2014. S. 129 f.

HIGHER MIND

»Unsere Vision ist, dass die ganze Menschheit aufwacht! Durch BewusstSein können wir uns von unbewussten ego-gesteuerten Gedanken & Verhaltensweisen befreien und unser Leben nach eigenen Wünschen kreieren.«

Andreas **Schwarz**

GRÜNDER

Spirituelle Seminare –

unser umfangreiches Angebot

Unser Angebot an spirituellen Seminaren wird laufend erweitert. Hier findest Du viele Intensivkurse zu verschiedenen spirituellen Themengebieten. Nimm auch gerne an unseren kostenfreien Schnupperkursen oder Webinaren teil. Wir freuen uns auf Dich!

www.highermind.de

Klausbernd Vollmar

DAS GROSSE PRAXISBUCH DER TRAUMDEUTUNG

Wie man seine Träume verstehen lernt

Wie lernt man seine Träume zu verstehen?

Dieses Grundlagenbuch deckt systematisch alle Aspekte der Traumdeutung ab, sowohl inhaltliche als auch methodische Bereiche. Man kann lernen, sich besser an seine Träume zu erinnern, ihre Symbolik zu verstehen und sie für die persönliche Entwicklung zu nutzen. Der Autor, ein ausgewiesener Experte, gibt eine praktische und umfassende Einführung, die sowohl für interessierte Laien geeignet ist als auch für diejenigen, die tiefer in die Psychologie des Träumens einsteigen wollen.

KNAUR

Franziska Rubin

DAS KLEINE BUCH VOM GUTEN SCHLAF

Einschlaf- und Durchschlafstörungen natürlich behandeln

Ein erholsamer und gesunder Schlaf ist wichtig für Körper und Geist. Doch immer mehr Menschen schlafen zu wenig oder zu schlecht. Dr. med. Franziska Rubin zeigt uns, wie es gelingt, ausgeruht und entspannt aufzuwachen.

Die prominente TV-Ärztin erklärt, welche Ursachen und Folgen Schlafstörungen haben, und präsentiert die neuesten Erkenntnisse aus der Schlafforschung. Mit effektiven Strategien, Entspannungsübungen, wertvollen Hausmitteln und der richtigen Ernährung gehören Schlafprobleme schon bald der Vergangenheit an.

KNAUR.LEBEN

Shawn Stevenson

JEDER MENSCH KANN SCHLAFEN LERNEN

Schlaf dich schlank und gesund – der ganzheitliche Schlafratgeber

Millionen Menschen leiden an Schlafstörungen, die auf Dauer krank machen. Doch Schlafen kann man lernen. Der Gesundheitsexperte und Bestsellerautor aus den USA Shawn Stevenson ist die neue Stimme der Schlafforschung. Er vermittelt ebenso unterhaltsam wie undogmatisch und kompetent Strategien für einen guten und erholsamen Schlaf, der sich positiv auf Körper, Geist und Arbeitsleistung auswirkt.

Inklusive 14-Tage-Schlafkur

KNAUR